修訂五版

票據法

Law of
Negotiable
Instruments

鄭玉波　著

三民書局

修訂五版說明

　　本書用字淺白、邏輯清晰、內容嚴謹，並且建立良好的票據法體系，自初版發行以來，持續受到讀者的青睞，對我國學界及實務界影響深遠，可說是名副其實的經典著作。

　　本書雖曾隨著票據法的修正於民國七十六年七月修訂，但距今已逾三十餘年，而鄭玉波教授也已與世長辭，無法親自修訂。惟法學需要配合法規異動、社會變遷，不斷與時俱進，為保持本書內容的實用性，編輯部於本書增補修正法規，並重新編輯排版。

　　此次修訂，均儘量保存原著面貌，並力求格式統一，所引法規有修正者均加以改訂，以期本書更加完善，敬請讀者繼續給予支持與指教。

三民書局編輯部　謹誌

中華民國一〇八年十二月

修訂二版序

　　本（六十二）年五月，票據法經大幅修正，適值本書出版十週年，居諸迭運，社會變遷，法律既隨時代而改易，本書自當修訂其內容，俾資適應。爰將與新修正票據法條文有關之部分，加以改寫，並將新公布之票據法施行細則條文，悉數列入，以求本書之完整、現實及正確。惟筆者學驗有限，疏漏難免，倘蒙高明賜教，則無任感幸。

鄭玉波　序於臺大法學院研究室

中華民國六十二年八月

附註：中華民國七十五年六月二十九日總統令修正票據法第四條、第一百二十七條及第一百三十九條，並增訂第一百四十四條之一條文，中華民國七十六年六月二十九日總統令刪除第一百四十四條之一條文，又同日廢止第一百四十一、一百四十二條條文，本書均已照修訂，特此註明。

著者識七六、七、七

票據法　目　次

▪ 緒　論 ▪

》第一章　票據法之概念《

一、票據法之意義

票據法者，專以票據關係為規律對象之商事法也，茲依此析述其意義如下：

㈠**票據法者商事法也**　私法分民法與商法兩大類，此為民商分立制度各國之通例，但我國係採民商統一制度，除民法外，別無商法之存在，至原屬商法部分之法規，或則纂入民法之中，或則另頒單行之法，其頒為單行法者，學者以商事法稱之，票據法即其一也。

㈡**票據法者專以票據關係為規律對象之商事法也**　票據法為商事法已如上述，然商事法不只票據法一種，他如公司法、海商法、及保險法等，亦皆為商事法，然則票據法於此等商事法中，究具有若何之特徵？曰其規律之對象有所不同而已。申言之，票據法係專以票據關係為規律對象，其他商事法則不然。所謂「票據關係」乃有關票據之權利義務關係，此等關係雖不嚴限於商事上發生，然究於商事上發生之時為多，故其情形特殊，法律上不能不另劃法域以規範之，此票據法之所由設也。惟於此有應注意者兩點：

1.票據法有廣狹二義，狹義的票據法，係「專」以票據關係為規律對象之法規。一般稱為固有的票據法或純粹的票據法者是也。廣義的票據法，則除此狹義者外，凡兼有關於票據之規定者，如民法中（九〇八條、九〇九條）關於票據設質之規定，刑法中（二〇一條、二〇五條）關於偽造變造有價證券罪之規定，民事訴訟法中（一三條、四〇三條一項三款、五〇八條以下、五三九條以下、五五六條以下）關於票據訴訟及特別程序之規定，破產法中（一〇七條）關於票據發票人或背書人受破產宣告之規定，以及涉外民事法律適用法中（二一條三項）關於行使或保全票據上權利法律行為之準據法之規定等等，亦均不失為票據法，不過此等法規既各有其獨立的法律體系，嚴格言之，只得謂為票

據有關之法規，而不能謂為票據法，故於此所述者，僅指狹義的票據法而言。

2.狹義的票據法，既係專以票據關係為規律對象之法，則凡具有此一條件者，自均屬於狹義的票據法，不過狹義的票據法尚有形式的意義與實質的意義之分，前者即專指以「票據法」命名之法典而言，後者尚包括其他票據法規（如票據法施行細則，銀行辦理票據承兌貼現及保證辦法等）在內。

本書所述者，雖以形式意義之票據法為主，但關於實質意義之票據法，亦兼及之。

二、票據法之特性

票據法為商事法，則商事法所有之特點（如高度的交易安全之保護，短期消滅時效之採用，法定利率之提高，行為之要式性），自亦均須具備外，其本身尚有以下之特性：

㈠**強行性** 票據關係為一種債之關係，規律此關係之票據法自亦屬於一種債法，惟一般債法多採用私法自治原則，而票據法則不然，易言之，票據法大部份之規定，均具有強行性，其任由當事人意思所左右者可謂極少。蓋票據不僅為特定當事人間之一種支付手段，且能於一般公眾間輾轉流通，營有通貨之作用（有認為票據乃商人所發行之紙幣者，非過言也），裨益經濟，活潑金融，其重要性概可想見。倘票據法之規定，得由當事人任意變更或排除其適用時，勢必騙詐相尋，弊竇叢生，紊亂社會經濟，有害公眾利益，莫此為甚。故為保護公益計，票據法乃嚴其規定，使吾人不利用票據則已，苟利用票據，即須遵照票據法之所定，否則獨出心裁，任意取捨，乃為法所不許。

㈡**技術性** 一切法規，就其性質觀之，可分兩大類，一為倫理的規範，一為技術的規範，倫理的規範，如民法刑法是，其制定也，本諸恆情，基乎常理，如殺人者死，欠債者還，雖庸夫愚婦亦莫不知其然也。技術的規範，如訴訟法、商事法是，其制定也，完全出乎立法專家之一種設計，故其內容並非僅憑一般常識所能了解。票據法為商事法之一，尤其有高度的技術性，宛如一部精巧之機器，非熟習其內容者，實難運用自如。

4

㈢**國際性**　商事法多具有國際性，而以票據法為最著。蓋票據僅為一種金錢支付手段，而規律此種手段之票據法又純出於一種技術，甚少受各國固有的人情風俗以及政策之影響，加以今之世界，萬國通商，非復往昔閉關自守者可比。因之，票據之流通於國際間，乃屬常事，此際若票據法仍國各不同時，勢必窒礙難行，諸多不便，故各國有鑒及此，乃屢有票據法之統一運動，且已收得相當之成果矣，其詳當後述之。

》 第二章　票據法之法理 《

一、票據之經濟效用

票據法為規律票據關係之法律，以「助長票據流通」為最大任務，故票據法上所採之各種制度，無不直接間接為「助長票據流通」而設，然則法律何以必須助長票據之流通？蓋以票據於經濟上有其效用在，故於說明票據法法理之前，必須先就票據之經濟效用，加以說明始可，票據之經濟效用若何？言之有如下列：

㈠**匯兌的效用**　匯兌的效用，主要見之於匯票，此種效用，可以打破金錢支付在空間上的障礙 (distantia loci)。蓋商賈貿易，時有由甲地向乙地寄送貨款之必要，此種情形，若輸送現金，則費用既多，風險又大，種種阻撓，致金錢在空間上之運用，遂不免有時而窮。此時若利用匯票，則上述之障礙，即不難一掃而空。例如 A 住甲地，欲向乙地商人 B 清償貨款，可將現金交甲地某銀行，購買該銀行在乙地分行付款之匯票，寄交於 B，則不僅可以獲得與輸送現金之同一結果，且能節省費用，避免風險，裨益良多。故匯兌作用實為票據之一大經濟機能。雖時至今日，送款方法有所謂電匯、劃撥等花樣，層出不窮，致票據之匯兌作用在一國之內，已不似昔日之重要，然在國際貿易上，則仍扮演一重要角色，其風韻並不減乎當年也。

㈡**信用的效用**　信用的效用，主要於匯票及本票上見之，此種效用，可以打破金錢支付在時間上的障礙 (distantia temporis)，亦即可以使將來的金錢，變為現在的金錢而利用。例如販賣商因資金匱乏，已不能由生產者購入貨品，而生產者又極欲將其生產品脫售，變為金錢，以便再購原料，繼續生產。此時，如販賣商發行一遠期付款之本票，交予生產者，購買其產品，或由生產者發行一遠期付款之匯票，而附隨於貨物送由販賣商承兌，結果雙方困難，均告解決。

蓋一則販賣商有貨可售,消費者不受影響,一則生產者可將該票據向銀行貼現,收回資金,而繼續生產故也。又如在金錢借貸,由借用人發行票據,交與貸與人以代借據,不惟可以做為該債權確實存在之證明,且可以做為該債權如期履行之擔保,如有必要,貸與人且可將該票據隨時轉讓,以收回其貸放之資金,而不致使其資金有固定呆滯之弊,凡此皆票據之信用的效用有以致之。

　　㈢**支付的效用**　支付的效用,主要於支票上見之。此種效用,在當事人間言之,可避免計算現鈔之錯誤,可節省計算現鈔之時間;對於國家言之,亦可減少通貨之發行。例如甲向乙支付五千萬元,倘以現鈔支付時,則乙縱係能手,若點清該項鈔票,亦必耗去相當時間,且未必敢保其絕無錯誤,萬一事後發現錯誤,則因係現鈔之故,亦惟有暗自忍受而已,結果不徒空費時間,且不免遭受難言之損害,此等問題,若利用支票為之,則均不致發生。不惟如此,攜帶現鈔或存放現鈔,既不方便,又有危險,倘存諸銀行,應用時以支票代替,則此等問題亦不致發生,然則票據之支付的效用,裨益於交易界者,實不可勝數也。

　　綜據上述,可知今日之票據,不僅有補助貨幣之效用,且具有代替貨幣之功能,於交易頻繁之社會,誠為不可或缺之工具。因之,一國票據法制之良窳,往往影響於該國之金融者甚大,故無論在立法上或執法上,均不可不慎也。

二、票據法之法理

　　票據在經濟上既有上述之效用,因之在法律上即應使之發揮該項效用,以配合經濟,裨益社會。然則如之何始可使票據發揮其經濟效用乎?曰不外「助長流通」四字而已(此點與貨幣不同,貨幣在法律上係強制通用)。申言之,助長流通乃法律上對於票據所採取之最高原則,票據法之一切制度,無不以此原則為出發點,吾人研究票據法法理之際,非先把握此一原則,則對於票據法上之各種制度,即不能瞭如指掌,故此四字乃一部票據法關鍵之所在,非常重要,吾人應時時置諸念頭,每遇疑難問題,庶可憑此索解。

　　其次,「助長流通」四字雖為票據法之關鍵,但究屬抽象原則,然則實際上

如之何始能助長流通？曰設法使人人樂於接受票據即可。因若能使人人樂於接受票據，則票據自然不翼而飛，不脛而走，雖欲其不流通也，亦不可得矣。然則又如之何始可使人人樂於接受票據？曰不外特別保護票據受讓人（執票人），使其取得票據權利「迅速」及「確實」而已。茲將票據法對於此二點所採取之具體辦法，分述如下：

　　(一)**關於「迅速」者**　票據法針對「迅速」二字，所採取之辦法如下：

　　1.使票據為要式證券（本法——指我國票據法，以下同此——一一、一二、二四、一二〇、一二五條），俾易於辨認，於授受上節省時間。

　　2.使票據依交付或背書而轉讓（本法三〇條），較一般債權之讓與手續為簡（一般債權之讓與依民法二九七條規定，非經讓與人或受讓人通知債務人，對於債務人不生效力，票據之讓與即無須為是項之通知）。

　　(二)**關於「確實」者**　票據法針對「確實」二字，所採取之辦法如下：

　　1.使票據為文義證券（本法五、二九、三九、一二六條），其權利內容惟依票上所載文義以定，不得於票據外另行補充或加以變更（五一臺上字第三五二六號判例），易言之，票據行為係採取極端的表示主義，債務人應依票據上所載文義負責，不容有所抵賴，如此自能加強票據權利之確實性。

　　2.使票據為不要因證券，行使票據權利者，勿庸證明其原因關係，易言之，其原因關係縱屬無效，或不存在，對於票據權利亦不生影響（四九臺上字第六七八號判例）。

　　3.採取票據行為獨立原則（本法八、一五、六一條二項），使同一票據上，甲行為無效，不影響乙行為之效力，易言之，儘可能範圍內，不使票據歸於無效，以免動搖執票人之權利。

　　4.採用善意受讓制度（本法一四條），以保護善意受讓人，使其所受讓之票據權利，不因讓與人之無權，而被追奪（善意受讓，本為物權法上之制度，票據法雖屬債法，但就票據之本身言之，亦為一有價物，故亦採取斯種物權的制度，以特別保護善意受讓人）。

5.限制人的抗辯（本法一三條本文），使後手（受讓人）不繼承前手（讓與人）之瑕疵，此點恰與民法上後手繼承前手瑕疵之原則（民法二九九條一項）相反，亦所以特別保護票據之受讓人也。

6.適用公示催告及除權判決程序（本法一九條），俾執票人喪失票據時有所補救（單就此點觀察，則持有票據，較持有貨幣尤屬可靠，蓋貨幣喪失並無此種補救辦法也）。

7.設有參加承兌及參加付款制度（本法五三至五七條、七七至八四條），儘量使票據獲得兌現，俾執票人之權利不致落空。

8.設有追索權制度（本法八五至一○五條），萬一票據不獲承兌或不獲付款，而又無人參加承兌或參加付款時，亦可向其前手請求償還，俾執票人之權利有最後之保障。

9.設有受益償還制度（本法二二條四項），萬一票據上之債權因時效或手續之欠缺而消滅時，執票人仍有最後之補救機會。

10.對於濫發不良支票者，設有刑事的制裁（本法一四一條），使支票之發票人不敢濫發「空頭」支票，以減少退票，而保護執票人。

以上所舉乃其犖犖大者，其實是類制度尚不止此，如本法一二三條規定，本票執票人行使追索權時，得聲請法院裁定後強制執行，即又一適例。不過此類制度雖複雜多端，然總不外乎針對「迅速」與「確實」兩點而設。蓋「迅速」與「確實」乃特別保護執票人之手段；而特別保護執票人，乃使人人樂於接受票據之手段；使人人樂於接受票據，又為助長票據流通之手段；助長票據流通，又為發揮票據經濟效用之手段。結果票據上之種種制度，均不外為助長票據流通之手段，藉以達成發揮票據經濟效用之使命而已，如此層層推求，則於票據上每一制度之法理，自不難迎刃而解矣。

此外應予說明者，尚有下列二點：

㈠因助長票據流通，而特別保護執票人一端，為法律上之一貫政策，不僅票據法本身如此，其他法律亦莫不採取同一態度，俾與票據法互相配合而收實

10

效，例如：民事訴訟法上對於票據訴訟，特別簡化其程序，即：

　　1.一般民事訴訟，採取「以原就被」原則（民訴法一條），而票據訴訟，則得由付款地之法院管轄（民訴法一三條）。

　　2.一般財產權之訴訟，非經原告聲請，則法院不得宣告假執行（民訴法三九○條），而票據訴訟，其假執行之宣告，法院應依職權為之（民訴法三八九條一項四款，本款已刪除❶），凡此種種便利，無非均為特別保護票據之執票人而設，其目的自亦不外助長票據之流通而已。

　　㈡票據法之多數制度，固均在特別保護票據權利人，然對於票據債務人之利益，亦不能不予兼顧，其辦法可述者如下：

　　1.使票據為免責證券（本法七一條二項），以保護善意之付款人。

　　2.採用短期消滅時效制度（本法二二條一項至三項），俾早日解除票據債務人之責任。

　　3.准許票據債務人為惡意之抗辯（本法一三條但書），以保護其利益，並准許發票人為禁止轉讓之記載（本法三○條但書），以保留其抗辯權。

　　凡此皆保護票據債務人之制度也，蓋票據債務人較一般債務人之地位不利，故法律上不能不特設上述各種制度以調劑之，否則有失公平，與法律之本旨不合矣。

---

❶ 本於票據有所請求之訴訟，依第四二七條第二項第六款規定，原則上，不問其金額若干，一律適用簡易程序，故法院就此種訴訟所為被告敗訴判決，依本條第一項第三款之規定，即應依職權宣告假執行，無重複規定之必要。至於命清償票據上債務之訴訟，如適用通常訴訟程序，除符合本條第一項第五款之規定者外，因其案情較為複雜，性質上不適於由法院逕依職權宣告假執行。故原第一項第四款規定，宜予刪除。

》 第三章　票據法之法系及其統一 《

一、票據法之法系

　　世界各國之票據法，在一九三〇年之「新票據統一規則」及一九三一年之「支票統一規則」（詳後述）制定之前，原可分為下列三大法系。

　　㈠**法國法系**　法國於西紀一八〇七年頒布之商法法典，其第一編第八章即為票據法之規定（一一〇條至一八九條），唯其內容僅規定匯票本票而已。至於支票乃於一八六五年另行制定支票法。不在上述商法法典之內。屬於此法系之國家有荷蘭、比利時、西班牙、葡萄牙，及拉丁美洲諸國。

　　㈡**德國法系**　德國於一八七一年頒布票據法，內容亦僅限於匯票及本票兩種。對於支票，亦係另於一九〇八年制定支票法，屬於此法系之國家有奧地利、瑞士、意大利、匈牙利、斯坎的那維亞半島諸國及日本。第一次世界大戰後，我國、土耳其、蘇俄、波蘭等所制定的票據法，固多仿自海牙統一票據規則（詳後述），但大體言之，仍應屬於德國法系。

　　㈢**英國法系**　英國於一八八二年制定票據法 （一〇〇條），規定匯票及本票，並以支票為匯票之一種，而一併規定於其中，但於一九五七年另行制定「支票法」（八條），以為補充，屬於此法系之國家有美國、印度、加拿大、澳洲，及南非聯邦等。

　　美國雖屬英國法系，但其有關票據法規，卻各州自行其是，全國並不統一，迨於一八九六年制定統一流通證券法 (Uniform Negotiable Instruments Law)，並先由紐約州採用以來，其他各州亦相繼採用，結果其票據法規，乃告統一，不過其統一流通證券法， 因有種種缺點， 乃於一九五二年復制定統一商法法典 (Uniform Commercial Code)，其中第三章商業證券 (Commercial paper)，即係以匯票，本票及支票為其主要之規律對象者，此一統一商法法典，首由賓夕凡尼

亞州採用（現已有四九州採用），以代替上述之統一流通證券法。

以上三大法系，若略加比較，則得其差異如下：

1.法國法系，其票據關係與實質關係並不截然分離，尤其資金關係竟成為票據關係之一，票據之移轉，可生資金之移轉；德國法系則不然，票據關係與基礎關係（原因關係與資金關係），完全脫離，亦即票據成為不要因證券。至於英國法系雖認為票據關係，與實質關係發生牽連，但經過若干的解釋，在實際上非常接近德國法系。

2.德國法系，採取嚴格的形式主義，例如規定多數票據要件，並以記載「票據文句」為必要，其他兩法系則不然，法國法系雖以記載「指示文句」為必要，但「票據文句」則可不記載，而英國法系則無論指示文句或票據文句均非必要，至於其他之點，亦非常自由，例如附利息之票據，分期付款之票據，均被承認，此外在手續上言之，英國法系較德國法系為緩和，例如承認恩惠日，設有追索權因不可抗力不能行使時之救濟辦法，及於本國內行使追索權時，無須作成拒絕證書等規定均是。

3.其次就立法形式上言之，法、德兩法系皆僅以匯票及本票為票據，而對於支票則另行制定支票法，英國法系則以支票為匯票之一種，又法國法系以票據法列為商法法典之一部，而德、英則均制定為單行法，凡此皆其形式不同之處也。

二、票據法之統一

票據法分為三大法系，已如上述，惟票據之使用並不局限於一國之內，於國際間亦不斷流通，因而各國之票據法制若不趨於統一，而仍係各自分立時，勢必發生諸多不便，影響於國際貿易者甚大，各國有鑒及此，自十九世紀後期以來，乃有票據法之統一運動，其成果可舉者如下：

㈠**海牙會議** 一九一○年及一九一二年，荷蘭政府兩度召集票據法統一會議於海牙，完成下列各項：

1.票據（匯票及本票）統一規則，凡八十條。

2.票據法統一公約，凡三十一條。

3.支票法統一規則草案，凡三十四條。

海牙會議有三十餘國參加（我國亦曾派代表與會），除英、美兩國，聲明保留加入，及日本代表未簽字外，其餘各國對於票據法統一公約皆已簽字，並均承認票據統一規則，不過尚未待各國政府之批准，第一次世界大戰即告爆發，於是此項統一事業，即因之而中輟，又支票法統一規則草案，原擬於一九一四年召集第三次會議議決，但亦因上述大戰之發生，而未成功。

㈡日內瓦會議 第一次世界大戰完了後，票據法統一問題，乃舊話重提，由國際聯盟理事會主持，共開兩次會議於日內瓦，其情形如下：

1.第一次會議 第一次會議，係於一九三〇年召開，完成以下三項：

㈤關於制定統一匯票、本票法之公約及第一附屬書，與第二附屬書：第一附屬書即「新票據統一規則」計七十八條，第二附屬書乃有關保留事項之規定。新票據統一規則，大體上仍沿襲前述海牙票據統一規則之舊貫，而略加更張。

㈥解決匯票本票法律牴觸事項公約。

㈦匯票本票印花稅法公約。

2.第二次會議 第二次會議，係於一九三一年召開，完成下列三項：

㈤關於制定統一支票法之公約，及第一附屬書與第二附屬書：第一附屬書即「支票統一規則」計五十七條，第二附屬書乃有關保留事項之規定。

㈥解決支票法律牴觸事項公約。

㈦支票印花稅法公約。

上述兩次日內瓦會議，我國既未派員參加，亦未於各該公約簽字，又英美兩國雖已派員參加，但英國除對於兩項印花稅法公約部份，事後加入外，對其餘公約均未簽字，而美國亦止以國際聯盟外之國家之資格列席而已。

其次於上述各公約簽字之諸國，事後多以之為基礎，而各將其原有之票據法加以修訂，例如一九三三年德國修改票據法及支票法，一九三四年日本修訂手形法及小切手法，一九三五年法國修訂商法法典第一編第八章關於匯票及本

票之規定，並另行修訂支票法，一九三六年瑞士修訂債務法中有價證券之部份（九九〇條以下，一一〇〇條以下）均是。可見大陸法系各國自此以後，其票據法即趨於統一，而以前法國法系與德國法系相對立之現象，乃告消滅。惟英美兩國對於上述各項公約既未加入，則其法系自仍舊存在，結果歷來之三大法系，於今已變為日內瓦統一法系與英美法系（美國雖屬英國法系，但其有關票據之法規，已另行發展如前述，故於今應與英國合稱為英美法系）之兩大法系矣，茲將各法系之變遷，圖示之如下：

1.法　國　法　系　（荷、比、西、葡）┐
　　　　　　　　　　　　　　　　　　├→統　一　法　系
2.德　國　法　系　（意、日、瑞、俄）┘

3.英　國　法　系　（美、加、澳、印）──→英　美　法　系

由上圖可知票據法之世界一元化，尚有待乎各國之進一步努力也。惟於此應注意者，我國票據法雖亦屬統一法系，但仍兼採英美法系之長，故本書於「本論」中，特就我國票據法與英美票據法規之異同，隨引述我國票據法條文之所在，將其重要者加以附註，俾資比較，至統一法系之立法例，因與我大體相同，故原則上不另贅列。

》第四章　我國之票據法《

　　我國票據，起源雖早（匯票本票起源於唐之飛錢，宋之交子，支票則以唐之帖子為濫觴），但關於票據法之成文法，則直至清末始著手編訂，民國成立後有多次草案之擬成，但均未見諸施行。國民政府奠都南京，乃由立法院訂立「票據法立法原則」十九條❷呈經中央政治會議通過，立法院商法委員會乃依據該

---

❷　茲將票據法立法原則附錄如下：

　　㈠本法所稱票據，為匯票本票及支票。

　　㈡票據依所載文義，由簽名人負責。

　　㈢票據上應記載之事項，不得缺略。

　　㈣以善意或無重大過失而取得票據者，享有票據上之權利。

　　（說　明）

　　本條為保護善意占有者而設，票據為流通證券，屢經輾轉，故取得者倘無惡意或重大過失，即為正當之持票人，得行使票據上之權利，不許真正所有人請求其為票據之返還，此為各國立法例一般承認。例如甲將乙寄存之匯票轉讓於丙，丙不知其票據之所由來而受取之，即享有票據上之權利。

　　㈤受票據上之請求者，對於善意之執票人，不得以自己與請求人之前手間所存抗辯，向之對抗。

　　（說　明）

　　本條定抗辯之限制，所以保護善意取得者，而便票據之流通。抗辯之意義，債務人對執票人設詞以避免義務之謂也，例如甲為發票人，乙為債務者，己為執票人，丙、丁、戊為己之前手，己對乙請求履行債務時，乙以與丙或丁或戊有欠款抵銷而拒絕付款，則是對於己為抗辯也，是以自己與己之前手間所有抗辯對抗己也，殊足以妨害票據之流通，故不許之，但明知票據有瑕疵而故意取得之，即不得為善意之執票人，乙可以對之抗辯。

　　㈥匯票之發票人，應按照文義，擔保承兌及付款。

　　㈦無記名式匯票，因交付而轉讓，無須背書。

　　㈧記名式匯票，除禁止轉讓者外，得依背書而轉讓之。

　　㈨執票人於到期日前，不論何時，得向付款人為承兌之提示，付款人於承兌時，應記載承兌或其他同義字樣。

項原則，並參考前此之票據法各草案，及德、日、英、美諸國之法例，起草票據法，於民國十八年九月二十八日經立法院第五十一次會議通過，並經國民政府於同年十月三十日公佈施行，即現行之票據法是也。全文計五章共一百三十九條，於民國十九年七月一日又公佈票據法施行法二〇條，於是我國之票據法，始告確立矣。

㈩付款人於承兌後，應負付款之責。

㈠執票人於到期日前，行使追索權時，得請求預備付款人為參加承兌。

㈡票據債務人以外，不論何人，經執票人同意，均得參加承兌。

（——與一二兩條之說明）

參加云者，第三者加入於票據關係之謂也，發票人委託他人付款而發匯票，或因與他人尚未接洽妥當，或因款項尚未送到，致他人不肯兌現，當此之時，執票人可向其前手（發票人，與在執票人以前之背書人，皆稱為前手），行使追索權，實出於不得已之所為，非其本意，且前手受後手之追索，明明暴露其票據信用之缺乏，此時若於行使追索權外，別有救濟方法，維持票據信用，匪特執票人之利益，前手亦得以保全榮譽，此參加承兌制度之所由設也。然則何時得為參加，當然在付款人拒絕承兌以後，執票人得行使追索權時為之，至何人得為參加？則預備付款人，當先受參加之請求，票據之付款當然由付款人為之，但票據以信用確實為第一要義，萬一付款人因金錢不足，或其他原因臨時不克照付，殊足妨害票據之信用，故發票人得預先指定一人為預備付款人，如遇付款人拒絕承兌或拒絕付款時，執票人得向預備付款人請求履行義務，至預備付款人以外，凡不負票據上債務人均可參加，但須經執票人同意，否則難免有不道德之人或與付款人勾通一氣，出面參加，以延時日，其結果仍不付款，徒費周折。

㈢匯票不獲付款時，參加承兌人應負付款之責。

㈣票據之保證人，與被保證人負同一責任。

㈤參加付款，不論何人均得為之，但有參加承兌人，或預備付款人時，執票人應先向之為付款人之提示。

（說　明）

參加承兌人之為參加承兌也，本有付款之準備，到期日應向之請求付款。預備付款人，係預防付款人不守信用而設，付款人既拒絕付款，執票人對之為付款之提示，乃當然之事。至第三者之參加付款，則與承兌不同，參加承兌後，或尚有不付款之虞，故執票人有允否之權，若夫參加付款，則票據債權上最後之目的已達，萬無拒絕之理。

㈥匯票到期不獲付款時，執票人對於出票人所有背書人及其他負責人，得行使追索權。

㈦本票除關於承兌、參加承兌及複本等各節外，均準用匯票之規定。

我國票據法施行以後，因社會情形之變遷，於民國三四年五月一日曾修正第一二三條，迨民國四九年又由立法院就其他部份及票據法施行法加以修正，修正後票據法全文增為一四五條，而票據法施行法則減為十二條，均於同年三月三十一日公布施行。民國六二年五月二十八日又經大加修正，公布施行。此次修正後票據法全文為一四六條，將原票據法施行法大部分規定納入本法，而將施行法廢止，另由行政院頒布「票據法施行細則」十七條。六六年七月二十三日總統令公布修正票據法第四條、第一二七條、第一三九條及第一四一條。七五年六月二十九日總統令公布修正票據法第四條、第一二七條及第一三九條；並增訂第一四四條之一條文，七六年六月二十九日總統令刪除第一四四條之一條文，但第一四一條、第一四二條亦同日廢止，到此，我票據法不設支票刑罰之規定，而我票據法又展開新頁。

（說　明）

匯票之付款人承兌以後，即為承兌人，處於主要債務人之地位，故絕對負清償之責，至本票之發票人，即是付款人，本來絕對負清償之責，無所用其承兌，故匯票章中關於承兌及參加承兌各節，於本票均不適用。至複本之作用，原為便於流通，匯票之付款人或居於異地，執票人得以複本之一份，寄往異地提示承兌，另以一份為背書而轉讓，本票之發票人即為付款人，無請求承兌之必要，故匯票中關於複本一節，本票亦不適用。

㈥支票之付款人，以銀行業者為限。

㈦支票限於見票即付。

・本　論・

》第一章 總 論《

第一節 票據之概念

一、票據之意義

票據之定義，法無明文，說者不一，本書則認為：「票據者乃以支付一定之金額為標的，而依票據法發行之完全的有價證券也」析述之如下：

㈠**票據者完全的有價證券也** 票據係有價證券，且係完全的有價證券，何謂有價證券？依通說乃表彰具有財產價值的私權之證券，其權利之發生移轉或行使，須全部或一部依證券為之者是也。又何謂完全的有價證券？乃其權利之發生移轉及行使三者全部與證券有不可分離關係者是也。易言之完全的有價證券，其權利之發生，須作成證券；其權利之移轉，須交付證券；其權利之行使，須提示證券，倘斯三者有一可以不必如是時，則為不完全的有價證券，票據為完全的有價證券，非為不完全的有價證券，故票據可謂有價證券之典型也。

㈡**票據者以支付一定金額為標的之有價證券也** 有價證券以其權利性質之不同，可分為債權的證券，物權的證券，及社員權的證券等三種，而債權的證券中又有所謂金錢證券，服務證券等數種，票據係以支付一定金額為標的，不獨屬於一種債權的證券，而且屬於一種金錢證券。

㈢**票據者依票據法發行之有價證券也** 票據為有價證券，但有價證券不止於票據一種，已如上述，然則票據在多種有價證券中，其特徵為何？曰在乎「依票據法發行」之一點，易言之，必須依票據法發行之有價證券，始得謂之票據，否則如依其他法律發行之有價證券，縱屬債權證券或金錢證券（例如依民法發行之指示證券，依公司法發行之公司債票），均不得謂之票據也。

二、票據之種類

本法一條規定：「本法所稱票據，為匯票、本票及支票。」可知我票據法上之票據，可分為三種，其定義如下：❸

㈠**匯票** 匯票者乃發票人簽發一定之金額，委託付款人，於指定之到期日，無條件支付與受款人或執票人之票據也（本法二條）。其式樣如下：

匯票	匯 字 第 ○○○ 號
	憑票請於中華民國○年○月○日支付×××或其指定人
	新臺幣 ＿＿＿＿＿＿＿＿＿＿＿＿＿＿＿＿＿＿＿＿＿＿＿＿
	此致
	○○銀行
	發票人簽章 ＿＿＿＿＿＿＿
	中華民國　　　　年　　　　月　　　　日

㈡**本票** 本票者乃發票人簽發一定之金額，於指定之到期日，由自己，無條件支付與受款人或執票人之票據也（本法三條）。其式樣如下：

本票	一、憑票准於中華民國○年○月○日交付
	新臺幣 ＿＿＿＿＿＿＿＿＿＿＿＿＿＿＿＿＿＿＿
	二、本本票指定××銀行××分行　地址：××市××路××號
	發票人簽章及地址 ＿＿＿＿＿＿＿＿＿＿
	發票日：中華民國○年○月○日

---

❸ 票據除法律上之分類外，在學理上尚可分類如下：

㈠依票據之經濟效用分：

票據 ⎰ 信用證券 ⎰ 本　票——自付證券
　　　⎱ 支付證券——支票 ⎱ 匯　票 ⎰ 委託證券

㈡依票據之流通方式分：

票據 ⎧ 無記名式票據——依交付而轉讓 ⎫ 流通證券
　　　⎨ 指示式票據——依背書而轉讓 ⎬
　　　⎩ 記名式票據 ⎰ 原則：依背書而轉讓
　　　　　　　　　　⎱ 例外：不得轉讓（發票人有禁止轉讓之記載者），非流通證券

㈢**支票**　支票者乃發票人簽發一定之金額，委託金融業者（指經財政部核准辦理支票存款業務之銀行、信用合作社、農會及漁會），於見票時，無條件支付與受款人或執票人之票據也（本法四條），其式樣如下：

	中華民國○年○月○日
支　票	憑票請付××× 　新臺幣 _____ 此致 ××銀行××分行 付款地：××市××路××號 _____ 發票人簽章

　以上三者區別之實益，除在乎其經濟效用之不同外，尤在乎其適用法規之差異，易言之，票據法就斯三者係分別規定，而各異其範圍，不過後二者多準用前者之規定而已（請參照本書附錄㈠）。

第二節　票據之法律關係

　票據之法律關係，包括票據本身所生之法律關係，及與票據有關之法律關係而言，前者係「票據關係」，後者係「非票據關係」，茲分款述之：

第一款　票據關係

第一項　票據關係之當事人

　票據關係為一種法律關係，法律關係者權利義務關係也。權利義務必有其主體，亦即須有權利人與義務人，前者在票據關係上言之，為票據債權人，後者為票據債務人，茲將匯票、本票、支票之當事人分別圖示如下：

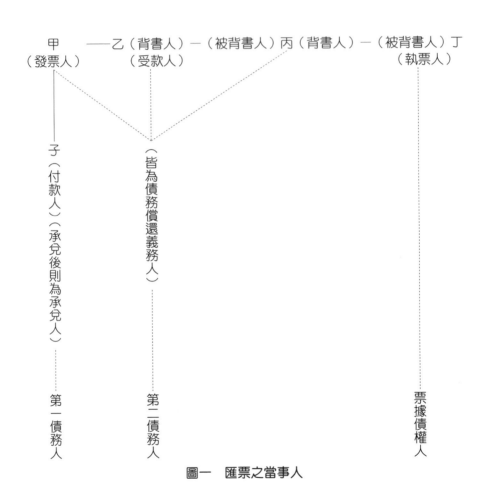

甲　　──乙（背書人）─（被背書人）丙（背書人）─（被背書人）丁
（發票人）　　（受款人）　　　　　　　　　　　　　　（執票人）

子（付款人）（承兌後則為承兌人）──────第一債務人

（皆為債務償還義務人）──────第二債務人

──────票據債權人

圖一　匯票之當事人

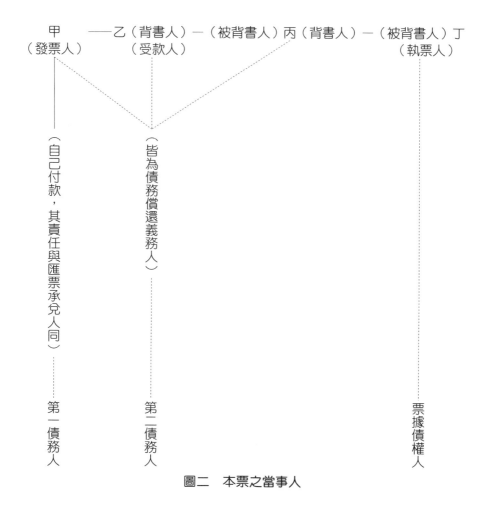

圖二　本票之當事人

甲（發票人）── 乙（背書人）（受款人）─（被背書人）丙（背書人）─（被背書人）丁（執票人）

（自己付款，其責任與匯票承兌人同）┄┄┄ 第一債務人

（皆為債務償還義務人）第二債務人

票據債權人

圖三　支票之當事人

由上列三圖，可知：

㈠匯票之基本當事人有三：①發票人（甲），②受款人（乙），③付款人（子）是也。本票之基本當事人有二：①發票人（甲），②受款人（乙）是也。支票之基本當事人亦有三：①發票人（甲），②受款人（乙），③付款人（子）是也，支票當事人在人數上固與匯票同，但在資格上則有下列之差異：即匯票之付款人並無限制，個人商號均無不可，但支票之付款人則以金融業者，所謂金融業係指辦理經財政部核准辦理支票存款業務之銀行業者、信用合作社、農會、漁會為限，個人不得充之，其他之商號亦不得充之，此其一；匯票之發票人亦無限制，任何人均可發行匯票，但支票之發票人則非金融業者之存戶不可，此其二。

㈡票據之債權人為執票人，所謂執票人即持有票據之人，最初之執票人為受款人乙自己，故受款人如未將票據轉讓時，則受款人即為票據債權人，如將該票據依背書（背書意義後述）而轉讓於丙時，則乙為背書人，丙為被背書人，丙再依背書而轉讓丁時，則丙為背書人，丁為被背書人，如丁不再轉讓者，則丁為最後之執票人，亦即為票據債權人矣。

㈢票據依背書而輾轉流通於多數人之間，自發票人甲迄於最後執票人丁，構成背書之連續（有如接力賽跑者之傳遞接力棒然），就此連續之關係言，甲、乙、丙、丁各人相互間均處於相對立的地位，在前者謂之「前手」，在後者謂之「後手」。例如甲為乙之前手，乙為甲之後手；乙為丙之前手，丙為乙之後手；丙為丁之前手，丁為丙之後手。而甲、乙、丙又均為丁之前手，亦即丁不獨為丙之後手，亦同時為甲乙之後手，故甲為前手之極端，丁為後手之極端，前手後手區別之實益，主要於行使追索權上見之，即行使追索權時，只能後手向前手追索，而前手不得向後手追索，蓋就其彼此間相對的關係言，前手為債務人，後手則為債權人也。

㈣票據之債務人，有第一債務人與第二債務人之別，所謂第一債務人（或稱負初步責任之當事人，Parties Primarily Liable）即主債務人，亦即執票人應

先向其行使付款請求權（後述）以請求付款者是也。所謂第二債務人（或稱負次步責任之當事人，Parties Secondarily Liable）即償還義務人，亦即執票人不獲付款（或不獲承兌）時，得向其行使追索權（後述）以請求償還者是也。執票人原則上非先向第一債務人行使付款請求權而遭拒絕後，則不得向第二債務人請求償還。

第一債務人與第二債務人，因票據之種類而稍有不同：

1.就匯票言之，付款人子於承兌之後，則成為第一債務人（如未經承兌則不然），發票人甲，背書人乙、丙，則均為第二債務人。

2.就本票言之，發票人甲自己為第一債務人（但如拒絕付款時，執票人丁亦得向其行使追索權，故又同時為第二債務人），背書人乙、丙，則均為第二債務人。

3.就支票言之，發票人甲及背書人乙、丙，均為第二債務人，而付款人子，原則上雖應負付款之責（本法一四三條），但仍非票據債務人，故原則上支票無第一債務人（同說，鈴木竹雄：手形法小切手法三四六頁），不過在保付支票，付款人可成為票據債務人（本法一三八條），但斯時發票人與背書人皆因之而免其責任，又無第二債務人之可言矣，故此乃例外之現象也。

其次第一債務人與第二債務人區別之實益，在乎其所負責任之不同，申言之，第一債務人所負之責任為付款責任（本法五二、一二一、一三八條），執票人向其行使之權利為付款請求權；第二債務人所負之責任為擔保付款責任（本法二九、三九、一二六條），執票人對其行使之權利為追索權。付款請求權與追索權兩者在消滅時效與行使程序上，有所不同（本法二二、六九、一三〇、八五、一三一條），詳後述之。

第二項　票據行為

一、票據行為之概念

㈠**票據行為之意義**　何謂票據行為？學者間見解不一，本書則認為票據行

為應分廣狹二義，狹義之票據行為乃以成立票據關係為目的，所為之要式的法律行為也。廣義的票據行為乃票據關係之發生、變更或消滅，所必要之法律行為或準法律行為也。前者指發票、背書、承兌、參加承兌及保證五者而言，後者則除前者外，尚有付款、參加付款、見票（本票）、保付（支票）等行為，亦包括在內。茲所論者以狹義的票據行為為限。

　　㈡**票據行為之種類**　狹義的票據行為包括發票等五者，已如上述，此五者依其性質言之，有基本行為與附屬行為之分，而依其範圍觀之，則有為匯票本票支票所共通者，有為匯票所獨具者，亦有為匯票本票之所共有，而為支票所獨無者，茲列表以明之：

二、票據行為之特性

　　票據行為乃法律行為之一種，但對於一般法律行為言之，則具下列四種特性：

　　㈠**要式性**　一般法律行為採方式自由原則，但票據行為則具有要式性，所謂要式性，可於下列三點見之：

　　1.簽名　無論發票（本法二四、一二〇、一二五條）、背書（本法三一條），承兌（本法四三條）、參加承兌（本法五四條），或保證（本法五九條），均須由當事人簽名（詳後述），始生效力。一般之法律行為，則不必如此。

　　2.書面　上述之五種票據行為，或須於票據之正面為之（如發票、承兌、參加承兌），或須於票據之背面為之（如背書），或得於票據之黏單上或謄本上為之（如背書、保證），要皆不離乎書面者也，故與一般法律行為之不以書面為必要者，有所不同。

3.款式 票據行為皆有法定之款式，不獨發票（本法二四、一二〇、一二五條）如此，即背書（本法三一條）、承兌（本法四三條一項）、參加承兌（本法五四條一項），以及保證（本法五九條一項）等，亦莫不如此，與一般之法律行為，亦有差異。

票據行為既有要式性，故票據為要式證券，所以如此者，乃在乎使票據之款式明確，易資辨認，便於授受，而能迅速流通也。

㈡**抽象性** 票據行為通例多以買賣、借貸等實質關係為前提，然於票據行為成立後，該項實質關係縱不存在，於票據行為效力，亦不生影響，因而執票人不負證明給付原因之責任，是為票據行為之抽象性。

票據行為既有抽象性，故票據為不要因證券，此不獨學說上一致承認，而我最高法院已著有判例矣（二七滬上字第九七號、四八臺上字第一〇一號判例），所以如此者，在乎保護票據受讓人，而加強票據之流通機能也。

㈢**文義性** 票據行為之內容，一以票據上所記載之文義為準，縱該項記載與實質關係不符，亦不許當事人以票據外之證明方法，加以變更或補充。申言之，票據債權人固不得以票據上未記載之事項，向票據債務人有所主張，而票據債務人亦不得以票據上未記載之事項，對票據債權人有所抗辯，本法第五條一項規定「在票據上簽名者，依票據上所載文義負責」即此意也（參照五一臺上字第三五二六號判例）。

票據行為既有文義性，故票據遂為文義證券，所以如此者，在乎使票據受讓人取得權利確實，而加強票據之流通機能也。

㈣**獨立性** 同一票據上每有多數之票據行為存在，此等票據行為各依票據上所載文義分別獨立，一行為之無效，不影響他行為之效力，是為票據行為之獨立性，亦稱票據行為獨立原則（或稱票據上意思表示獨立原則、票據債務獨立原則），其詳另段專述之。

三、票據行為之要件

票據行為係一種要式的法律行為，除一般法律行為之成立要件（當事人、

標的、意思表示）及生效要件（當事人須有行為能力、標的須適當，意思表示須健全，詳請參照拙著民法總則），均須具備始能有效成立外，因係要式行為之故，尚須具備之特別要件如下：

（一）**證券之記載**　票據行為之有效成立，首應於證券上為合乎法定方式之記載，例如發票應依本法二四條、一二○條、或一二五條之規定為之，背書應依三一條之規定為之，承兌應依四三條之規定為之，參加承兌應依五四條之規定為之，保證則應依五九條之規定為之均是，為此等記載時，應注意之事項如下：

1.簽名　上述之各種票據行為，其應記載之事項，互不相同，但唯一共同點，即均須簽名是也，蓋簽名為負責之表示，最關重要，譬如畫龍點睛，苟未簽名，雖其他記載事項均已齊備，該項票據行為仍絕對不能生效也。所謂簽名，即於票據上親自簽寫自己姓名之謂，依本法六條規定：「票據上之簽名得以蓋章代之」，因我國習慣以蓋章為常，故本法亦明認其效力。又每一票據行為固以一人為之為常，但二人以上共同為之者亦非無有（例如公司簽發支票，由出納、主計人員及該公司經理人共同蓋章是），此時依本法五條二項規定：「二人以上共同簽名時，應連帶負責。」是為法定的連帶責任，蓋非如此，則難免彼此推諉，致執票人蒙受不利也。

此外不僅票據行為以簽名為必要，其他行為需要在票據上簽名者，亦不在少，例如本法七四條、八六條二項、一二二條一項均有簽名之問題，可見簽名在票據上之重要性也。

2.金額　票據為金錢證券，故必須記載一定之金額（本法二四條一項二款、一二○條一項二款、一二五條一項二款），一定金額之記載，一般多以文字及號碼同時為之，但本法施行細則三條規定：「票據上之金額，以號碼表示，經使用機械辦法防止塗消者，視同文字記載」，而本法七條規定：「票據上記載金額之文字與號碼不符時，以文字為準。」以杜糾紛，惟本條規定，與民法四條規定不同。申言之，在民法上如遇有此種情形，應先由法院確定何者為當事人之原意，不能確定時，始以文字為準，而此則逕以文字為準。蓋票據注重形式，俾

能迅速確定法律關係，以保護執票人，而助長流通，故如是也。又票據行為所應記載之事項不一，但究以金額為核心，故金額不得改寫，以昭鄭重（本法一一條三項，又支票金額非用墨筆及墨水筆填寫，或金額文字非大寫，於銀行構成退票理由）。

3.其他事項 票據上除簽名及金額外，其他事項何者應記載，何者得記載，何者不得記載，以及應記載而不記載，不得記載而記載時，其效果如何？茲分下列三點述之：

㈠**應記載之事項** 應記載之事項者即依本法規定所必要記載之事項是也，尚可分為下列二種：

①**絕對必要記載事項** 絕對必要記載事項者，不記載時，票據即無效者是也。如表明其為票據種類之文字（本法二四條一項一款、一二〇條一項一款、一二五條一項一款），發票年月日（本法二四條一項七款、一二〇條一項六款、一二五條一項七款）等，均屬之（前述之簽名及一定之金額，亦皆屬於絕對必要記載事項）。絕對必要記載事項雖因票據種類之不同而亦不同，復隨票據行為之差異，而亦差異（詳均後述），但如不記載時，依本法一一條一項本文規定：「欠缺本法所規定票據上應記載事項之一者，其票據無效」。則其效果並無不同。

②**相對必要記載事項** 相對必要記載事項者，亦為法定記載事項，但如不記載時，法律乃另行擬制其效果，而不使票據無效者是也。如匯票之到期日，本應記載（本法二四條一項九款），但如不記載時，則法律視為見票即付（本法二四條二項），即其適例。此等事項如欠缺記載，票據並不因之而無效，本法一一條一項但書所謂：「但本法別有規定者，不在此限」，即指此而言。

於茲應予說明者，六二年修改票據法行政院之提案中本有空白票據規定之設，但立法院通過時加以修正，即本法一條二項規定：「執票人善意取得已具備本法規定應記載事項之票據者，得依票據文義行使權利，票據債務人不得以票據原係欠缺應記載事項為理由，對於執票人主張票據無效」。辭義較為周折矣。

㈡**得記載之事項**　得記載之事項者，記載與否聽任當事人之意思（故亦稱任意記載事項，或票據行為之偶素），但一經記載，亦發生票據上效力之事項也。例如利息（本法二八條）、禁止背書（本法三〇條）、付款處所（本法五〇條），及平行線（本法一三九條）等均是，此等事項之種類因票據行為之不同而不同；而其效力，亦因各該事項性質之歧異而歧異，其詳除另行分別述之外，於此應注意者，凡法條中有「得記載」之字樣者，即為此等事項在形式上之標識，吾人不難據以識別之。又得記載之事項，往往出於當事人之特約，因而本法施行細則一四條規定：「依本法得為特約或約定之事項，非載明於票據，不得以之對抗善意第三人」。

㈢**不得記載之事項**　此等事項，依其效果之不同，尚可分為下列三種：

①**不生票據上效力之事項**　本法一二條規定：「票據上記載本法所不規定之事項者，不生票據上之效力。」蓋本法不獨對於票據上應記載之事項，及得記載之事項，均有列舉，即對於下述之記載無效事項及記載則票據無效事項，亦均有規定，因而若所記載之事項，不在此等規定範圍內者，則法律上不能不另設概括之規定，以明示其效果，其效果若何？即「不生票據上之效力」是也。所謂不生票據上效力與下述之記載無效不同，後者不生任何效力，前者只不生票據上之效力而已，至於民法上之效力，尚無礙其發生，例如發票人於一定金額之外，尚記載給付若干股票時，其股票之給付，雖無票據上之效力，但發票人仍應負民法上之給付義務是。

②**記載無效之事項**　記載無效之事項者，乃雖記載之亦不生任何效力之事項也，法條中明定「其記載無效」之字樣者均屬之。如免除擔保付款之記載（本法二九條二項）、支票上反於見票即付之記載（本法一二八條），皆其適例。又法條中載有「視為無記載」之字樣者亦同，如背書附記條件者（本法三六條）是也；但承兌附條件時，則視為承兌之拒絕（本法四七條二項）。其次應注意者記載無效之事項，與下述之記載則票據無效之事項不同，後者一經記載，則整個票據全歸於無效，而此則僅該記載之本身無效而已，至該票據之效力，尚不

因之而受影響也，故學者以「記載無益事項」稱之。

③**記載則票據無效之事項** 此種事項一經記載，則票據全歸無效，故學者以「記載有害事項」稱之。如匯票發票人應為無條件支付之委託，因之如記載條件而委託時，則該匯票即歸無效是。因與法律之規定牴觸（亦可謂與票據之本質不合）故也。

綜據上述，可知票據上應（得）記載之事項，既不一而足，而票據行為中之背書且可迭次為之，因而票據餘白終不免有不敷記載之時，斯時依本法二三條規定：「票據餘白不敷記載時，得黏單延長之。黏單後第一記載人，應於騎縫上簽名。」是為票據黏單之問題。所謂黏單乃與票據本身結合之紙片，亦即票據之延長也。黏單之條件為：①須票據餘白不敷記載時，②黏單後之第一記載人，須於騎縫上簽名，至於黏單上得記載之事項，主要者為背書（本法三一條），其次為拒絕證書（本法一〇八條、一〇九條、一一〇條、一一一條二項），此外之事項，除參加付款應於拒絕付款證書內記載（本法八二條一項），自亦得於黏單上記載（如該付款拒絕證書係於黏單上作成者）之外，餘如承兌、參加承兌等事項，因本法上既已分別規定其應記載之處所，自不得於黏單上為之。又發票時應記載之事項，亦不得於黏單上為之（日本大判昭和六年一月二十四日民集一〇卷二六頁），合法之黏單與票據本身有同一之效力。

㈡**證券之交付** 票據行為之有效成立，除應於票據上為合法之記載外，尚須將證券交付始可，例如發票，須將票據交付與受款人；背書，須將票據交付被背書人；而承兌、參加承兌及保證，亦均須分別將票據交付於執票人，否則該項行為尚不得謂為完全成立。此觀諸本法（二、三、四條）對於各種票據之定義中，均有「簽發」字樣，及本法五一條本文復有：「付款人雖在匯票上簽名承兌，未將匯票交還執票人以前，仍得撤銷其承兌。」等語（其中撤銷二字實係撤回或塗銷之誤，詳後述之），即可知之，不過此乃原則，若行為人已完成證券上之記載，而於交付前，因遺失被盜或其他非因該行為人自己之意思而流通者，則行為人對於善意受讓人仍應負其責任（本法一四條並參照民法七二一條

一項）是乃例外，此蓋為保護交易之安全，藉以助長票據之流通，不得不然也❹。

四、票據行為之效力

(一)**票據行為之獨立** 票據行為具有獨立性，亦稱「票據行為獨立原則」，前已言之，所謂票據行為獨立原則，乃同一票據上之多數票據行為，其效力各自獨立，一行為之無效、不影響他行為之效力者是也。此一原則主要於下列三種情形上見之：

---

❹ 證券之交付，是否為票據行為之成立要件？每因對於票據行為性質所採取之學說之不同，而生差異。關於票據行為性質學說甚多，大別之有①契約說與②單獨行為說，兩派。前者由杜爾 (Thöl) 氏倡其端， 後者由康茲 (Kuntze) 氏集其成 （此派脫胎於艾耳特 (Einert) 氏之紙幣說）。此兩派中，尚各分多種學說，茲列之如下表：

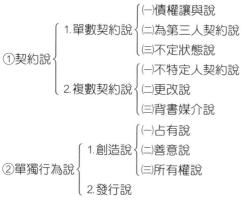

以上兩大派學說（此外尚有折衷說；內分①契約及單獨行為重疊說與②依據票據行為種類而設區別說），對於票據行為性質之見解，既不相同，則對於票據行為之成立，要否交付證券一節，即主張互異。大體言之，採契約說者，認為非交付證券，則票據行為不能成立，而採單獨行為說者，則多認為只要已完成證券之記載，票據行為即告成立，而不待證券之交付。此兩者爭執之所在，主要即於票據作成後，尚未發行前，如被盜或遺失，而流通時，則票據行為人是否負責之一點上見之。此點在契約說者，認為不負責任，因其主張票據未交付前，票據行為尚未完成也，然在採單獨行為說者，則認為應負責任，因其主張票據一經記載，雖未交付，其行為亦已完成也；不過在單獨行為說中之發行說則不然，此說雖主張票據行為之法律性質係屬單獨行為，然此單獨行為仍須由作成證券與交付證券兩者合併構成。我票據法之規定，乃本書之主張，即近乎此說。

1.無能力人之簽名 票據行為乃負擔債務之行為，故不僅無行為能力人，即未得法定代理人允許之限制行為能力人，亦不得有效為之。因而票據上倘有此等人簽名時，則該票據之效力若何？依本法八條規定：「票據上雖有無行為能力人或限制行為能力人之簽名，不影響其他簽名之效力」，申言之，無行為能力人或限制行為能力人於票據上簽名時，固不生簽名之效力，而其本身亦可不負責任，但對於其他簽名者之權利義務，卻不及影響。亦即其他簽名者仍應依票據上所載文義負其責任是也。

2.票據之偽造 本法一五條規定：「票據之偽造或票據上簽名之偽造，不影響於真正簽名之效力。」此亦票據行為獨立原則之一表現，詳後述之。

3.票據之保證 本法六一條二項本文規定：「被保證人之債務縱為無效，保證人仍負擔其義務。」此亦票據行為獨立原則之一表現，詳亦後述之。

票據行為獨立原則，乃為保護票據權利人，以加強票據流通之一種措施，蓋法律行為一部份無效者，則全部皆為無效，乃民法（一一一條）上之原則，而同一票據上之票據行為，縱有一部份無效，亦不影響他部份行為之效力，故屬於一種特例，不過此之所謂無效，係指該行為實質上之無效而言，若該行為於形式上無效時，則以該行為為前提之其他行為，仍不能不隨之而無效也。例如發票（基本行為）因未簽名而無效時，則背書、承兌、參加承兌、保證等附屬行為，皆不能獨立生效是。又如背書在形式上應為連續，因而前一背書若實質上無效時（無行為能力人所為），固不能影響其他背書之效力，然若因要件之欠缺（背書人未簽名或蓋章）而無效時，則其他背書之效力，即不能不受影響（詳後述之）。又前述被保證之債務，縱為無效，保證人仍負擔其債務一節，亦僅指被保證人之債務，在實質上無效者而言，若被保證人之債務因方式之欠缺而無效者，則保證人仍不必負擔債務也（本法六一條二項但書）。所以如此者因實質上之事由（如無行為能力），票據受讓人不易查知，故法律上不使影響其他行為之效力，否則受讓人易遭不測之損害，影響所及，人人憚於接受票據，而票據之流通機能，必大為減弱。至若形式上之事由（如方式之欠缺），既明明表

現於票據之上，任何人均得一望而知，故雖使之影響其他行為之效力，亦不致使受讓人蒙受不測之損害（因可以拒絕接受）也。

　　(二)**票據行為之代理**　法律行為可以由人代理為原則，票據行為亦係法律行為之一，自亦可由人代理，不過票據行為之代理，因票據側重保護受讓人，使其取得權利確定而實在之結果，致與民法上之代理有所不同，此可以於下列兩項見之：

　　1.**隱名代理**　本法九條規定：「代理人未載明為本人代理之旨，而簽名於票據者，應自負票據上之責任」，所謂未載明為本人代理之旨而簽名於票據者，即未明示被代理人之名義，而僅由代理人自己簽名之謂，亦即所謂「隱名代理」是也。隱名代理在民法上須其代理之意思，已為相對人所明知或可得而知者，始生代理之效力，但在票據法上則逕使簽名者自負其責任，所以如此者，以免票據關係趨於複雜，而影響票據權利人權利之確定故也。

　　2.**無權代理**　無權代理在民法上有廣狹二義，廣義無權代理除狹義無權代理外，尚包括表見代理。表見代理係保護交易安全之制度，在票據上尤應適用，與民法並無不同，自勿庸贅述（參照四四臺上字第一四二八號判例），茲所述者為狹義無權代理問題，此依本法一〇條一項規定：「無代理權而以代理人名義簽名於票據者，應自負票據上之責任」。按民法上之無權代理，非經本人之承認，對於本人不生效力（民法一七〇條一項），因而本人如果不承認時，雖善意相對人可向無權代理人請求損害賠償（民法一一〇條），以謀救濟，但究不能主張該代理行為之有效。此種辦法倘亦適用於票據時，則影響於受讓人之權利者頗大，故本法乃逕使無權代理人自負票據上之責任　（此亦票據行為獨立原則之一表現），而不使該行為無效，藉以保護受讓人，而助長票據之流通。

　　其次依本法一〇條二項規定：「代理人逾越權限時，就其權限外之部分，亦應自負票據上之責任」。學者稱為越權代理，其逾越權限之部份，亦屬無權代理，故就該部份之票據責任，代理人亦應自行負之，至未越權限部份，原為有權代理，應由被代理人負責，自不待言。

(三)**票據之偽造** 票據之偽造，意義如何？效力如何？分述之如下：

1.票據偽造之意義 票據偽造之意義，說者不一，本書則認為：票據偽造者，乃以行使之目的，假冒他人名義，而偽為票據行為是也。析之可得以下三點：

(甲)**票據偽造者偽為票據行為也** 票據偽造之第一要件，須偽為票據行為（偽造本身雖非票據行為，但其所為者係票據行為），例如：偽為發票行為，或偽為背書、承兌等附屬的票據行為均屬之，若所偽為者並非票據行為，則不構成票據之偽造。蓋非如是，則不足以使人誤信其為真正的票據也。

(乙)**票據偽造者假冒他人名義偽為票據行為也** 此一要件為「偽」造之本體。因若非假冒他人名義，則雖為票據行為，並無偽造之可言，故偽造之成立，必須假冒他人名義始可，其假冒發票人之名義，而為發票者，本法則稱之為「票據之偽造」，假冒發票人以外之人名義，而為其他票據行為（如偽造背書、承兌等）者，本法則稱之為「票據上簽名之偽造」（本法一五條），至假冒之方法，係摹擬他人之簽名，抑盜用他人之印章，則均非所問。

(丙)**票據偽造者以行使之目的為偽票據行為也** 票據之偽造須以行使之目的，而為票據行為，若非以行使之目的，縱假冒他人名義，而為票據行為，例如為教學之用，而製造票據之樣本，仍不成立票據偽造。

2.票據偽造之效力 此亦可分下列三點言之：

(甲)**對於被偽造人之效力** 被偽造人即被假冒其名義之人是也，票據上雖有此人之「簽名」，但因係他人假冒，而非由其自簽之故，不負票據責任。

(乙)**對於偽造人之效力** 偽造人即偽造票據之人，此人在票據上倘未簽名，則亦不負票據責任，至於刑事上應成立偽造有價證券罪（刑法二〇一條），於民事上應成立侵權行為而負損害賠償責任（民法一八四條），是乃另一問題。

(丙)**對於其他真正簽名者之效力** 本法一五條規定：「票據偽造或票據上簽名之偽造，不影響於真正簽名之效力。」即真正簽名者仍應依票據所載文義負責是也。例如子偽造本票一紙，於發票人處簽署甲之姓名，而將其交與受款人乙，

乙以背書轉讓於丙，丙又轉讓於丁。結果丁向甲請求付款時，甲自可不負責任，向子請求時，子亦不負責任，但若向丙、乙行使追索權時，則丙、乙不能不負責任，不過丙、乙因此所受之損害，可向子請求損害賠償，自不待言。

㈣票據之變造　票據之變造，意義若何？效力若何？分述之如下：

1.票據變造之意義　票據變造之意義若何？法無明文，說者不一，本書則認為：票據之變造者，乃無變更權，而以行使之目的，對於票據之內容加以變更之行為是也。析述之可得以下三點：

㈠票據變造者變更票據內容之行為也　票據之變造，係變更票據內容之行為，例如變更金額、到期日或其他事項等均屬之，但一般情形多於金額之變更上見之，不過此之所謂內容之變更，係指變更簽名以外之事項而言，若變更簽名則屬於偽造之範圍，而不得稱為變造。易言之，偽造仍偽為票據行為之主體，變造乃偽為票據行為之客體，二者均非真實，則一也。

㈡票據變造者以行使之目的變更票據內容之行為也　變更票據之內容，其目的須在行使，例如執票人變更匯票金額，向付款人為承兌之提示；或變更支票之金額，向銀行請求付款；以及背書人變更票據金額，而為票據轉讓等均屬之（日本判例認為單向雙親誇耀自己之財富，而提示票據時，亦應謂為票據之行使，大判明治四四、三、三一刑一刑錄一七輯四八四頁）。

㈢票據變造者無變更權而變更票據內容之行為也　票據之內容，若由有變更權者加以變更時，則不得謂為變造，例如發票人自行變更發票年月日是。不過依本法一一條三項規定：「票據上之記載，除金額外，得由原記載人於交付前改寫之；但應於改寫處簽名。」則有變更權人變更票據之內容，固非不可，但應於交付前為之，並於改寫處簽名，以示負責。又票據金額，雖有權利人亦不得變更，然如變更之只票據無效耳，亦不得謂為變造也。至所謂有變更權者通常固多指該行為人自己而言（例如發票人有權變更發票有關之事項，背書人有權變更自己的背書），然不以此為限，即對於他人所記載之事項，有變更權者亦非無有，例如支票之平行線縱為執票人所畫者，發票人亦有權變更是（本法一

三九條五項），因而凡有變更權人，其所變更者無論為自己所記載之事項，抑他人所記載之事項，均不構成變造。必也無變更權而擅自變更票據之內容時，始構成票據之變造。

2. 票據變造之效力 本法一六條一項規定：「票據經變造時，簽名在變造前者，依原有文義負責，簽名在變造後者，依變造文義負責，不能辨別前後時，推定簽名在變造前」。此亦可分下列三點述之：

㈠**對於簽名在變造前者之效力** 簽名在變造前者，依原有文義負責，例如甲發行本票一張與乙，票面金額為拾萬元正，乙以背書轉讓與丙，丙將金額變造為伍拾萬元後，以背書轉讓與丁，丁又轉讓於戊，此時甲、乙二人均仍負拾萬元之責任是。

㈡**對於簽名在變造後者之效力** 簽名在變造後者，依變造文義負責，如上例背書人丁，應負伍拾萬元之責任是。

㈢**對於變造者之效力** 變造者如亦在票據上簽名時（如上例之丙），則屬於簽名在變造之後，亦應依變造文義負責，如未於票據上簽名時，則可不負票據責任。不過無論如何，均應負刑事上之變造有價證券罪責（刑法二〇一條），及民事上之侵權行為責任，自不待言。

由於上述，可知票據是否已經變造？及何時由何人變造？對於簽名者之責任，有重大之出入，因而必須究明，以便分別定其責任，若無法究明時，則法律推定簽名在變造前，結果如執票人不能舉出反證，以推翻此之推定，則惟有自行負責矣，所以如此者，其理由有二：①提高接受票據者之警覺，俾變造之票據不易流通，以免擾亂社會；②防止執票人之詐欺，以減輕票據債務人之責任，蓋票據之變造，於票據轉讓時為之者，固多；於請求付款時，由執票人自行為之者，亦復不少，故法律乃如斯推定，務使狡猾者不易得逞。又六二年修正票據法於本條增列第二項規定：「前項票據變造，其參與或同意變造者，不論簽名在變造前後，均依變造文義負責」。理應如此。

以上所述，均係假定簽名在變造後者，責任較重而言，其實並不盡然，例

如票據原有之到期日為三月一日，而經變造為五月一日時，則簽名在變造前者，應負於三月一日付款之責任，而簽名在變造後者，則只負五月一日付款之責任，結果後者之責任，反較前者為輕矣，此種情形雖不多見，然究不能必其無有也。

㈤**票據之塗銷**　票據塗銷之意義及其效力，分述如下：

1.**票據塗銷之意義**　票據塗銷者將票據上之簽名或其他記載事項，加以塗抹或消除之謂，例如以濃墨重抹，以橡皮輕擦，以紙片糊蓋，以化學方法消除等均屬之，其手段如何，固非所問，但必須發生將簽名或其他事項除去之結果，始足以當之。又塗銷之程度過重，在外觀上已難認為票據時，則為票據之損毀，屬於票據喪失之問題，詳後述之。

2.**票據塗銷之效力**　票據塗銷之效力如何？須視塗銷係由於何人所為，及是否故意為之者，而不相同，茲分述如下：

㈡**塗銷由於權利人所為者之效力**　此尚可分兩種情形，即：

①**非故意之塗銷**　本法一七條規定：「票據上之簽名或記載被塗銷時，非由票據權利人故意為之者，不影響於票據上之效力」。蓋票據之權利，一旦有效成立，為維持該票據之效力起見，自不能因漫不經心之塗銷，而遽使受其影響也。

②**故意之塗銷**　票據權利人故意塗銷票據上之簽名或記載時，則票據上之效力，自應受其影響（本法一七條之反對解釋），至影響之情形如何？固須視該塗銷之具體情形如何以定，然大體言之，不外為免除債務人之責任而已。易言之，其塗銷部份之債權、債務，均歸於消滅是也，例如本法三八條規定：「執票人故意塗銷背書者，其被塗銷之背書人，及其被塗銷背書人名次之後，而於未塗銷以前為背書者，均免其責任。」又如本法一〇〇條三項規定：「背書人為清償時，得塗銷自己及其後手之背書。」均是，凡此均於各該部份詳述之，茲不多贅。

㈢**塗銷非由於票據權利人所為者之效力**　塗銷如非由票據權利人所為者，無論是否出於故意，均不能影響票據之效力，不過如係故意塗銷時，有時可一併發生票據之偽造或變造之問題而已。

第三項　票據權利

一、總　說

　　票據關係為法律關係之一種，其內容自不離乎權利與義務，故票據關係之構成，一方面為票據上之權利，一方面為票據上之義務，兩者乃一事之兩面，均本於票據行為而發生，不過法律每單從權利方面立論，因而票據關係之內容云者，究不外乎票據上之權利（以下簡稱票據權利）問題而已，茲將票據權利之意義及其種類，分述如下：

　　㈠**票據權利之意義**　票據權利者乃票據所表彰之金錢債權是也。夫票據為債權的證券，同時亦為金錢證券，前已言之，故票據所表彰之權利，屬於一種金錢債權，而其對應之債務（票據義務），屬於一種金錢債務，民法（二〇一、二〇二條）上，就金錢之債（貨幣之債）設有規定，此則屬於一種特別的金錢之債，故應優先適用票據法。

　　㈡**票據權利之種類**　票據權利係一種債權，而債權之作用，主要在乎請求（債權係請求權），故票據之權利為請求權，得分兩種如下：

　　1.付款請求權　付款請求權為票據之第一次的權利，其行使之主體及行使之對象如下：

　　㈲**行使之主體**　行使此權利之主體為執票人，執票人可能為受款人，也可能為最後之被背書人，又在匯票、本票亦可能為參加付款人（本法八四、一二四條）。

　　㈡**行使之對象**　此權利行使之對象，因票據種類而不同，茲分別列舉之如下：

　　①**匯票**　付款人（承兌後則為承兌人），擔當付款人（本法六九條二項），票據交換所（本法六九條三項），參加承兌人或預備付款人（本法七九條一項），承兌人及參加承兌人之保證人（本法六一條）。

　　②**本票**　發票人及其保證人（本法一二四條準用六一條），擔當付款人或票

據交換所（本法一二四條準用六九條二、三項）。

③**支票**　付款人，票據交換所（本法一四四條準用六九條三項）。

於此應注意者，上列諸人雖均得為付款請求權行使之對象，但並非均屬於票據之主債務人，申言之，除匯票之承兌人，本票之發票人，及保付支票之付款人，為票據主債務人以外，餘則或為非票據債務人（如擔當付款人），或僅為附有條件之票據債務人（如參加承兌人），由此可知，付款請求權行使之對象，原則上固為票據主債務人，但不以此為限。

2.**追索權**　追索權亦稱償還請求權，乃第二次的權利，原則上須行使付款請求權而被拒絕後，始得行使之（例外，有所謂期前追索，如本法八五條二項之規定是，又有因不可抗力不能行使付款請求權時之追索，如本法一〇五條四項之規定是），其行使之主體及行使之對象如下：

㈲**行使之主體**　行使此權利之主體亦為執票人，此之執票人為最後之執票人，亦可能為已為清償之被追索人（本法九六條四項）。不過背書人被追索（被訴）時，雖未清償，亦得向其前手追索（本法二二條三項，其方法後述之），是乃例外。又保證人清償債務時亦得行使追索權（本法六四條）。

㈡**行使之對象**　追索權行使之對象為發票人，背書人及此等人之保證人。又承兌人本法九六條亦將其列為被追索人，此點是否妥當，容後述之。

綜據上述，可知票據上之權利，與一般之債權不同，一般債權只有一個請求權，而票據則有兩次請求權，同時第二次請求權（追索權），更有多數之債務人存在，此種辦法，不外為特別保護票據權利人，以加強票據之流通而已。其次，尚應一言者，即此之所謂票據權利，與票據法上之權利（如受益償還請求權）有所不同，前者其發生、轉讓、行使三者，原則上均須依據票據為之；而後者則否，故後者屬於一種非票據關係，詳後述之。

二、票據權利之取得

㈠**原始取得**　票據權利之原始取得，可分兩項言之，如下：

1.**發票**　發票乃發票人簽發票據之行為，票據權利依此而創設（學者因稱

票據為設權證券），故由此而取得票據權利者，屬於一種原始取得。

2.善意受讓 善意受讓，亦稱善意取得，民法上關於動產物權之取得，設有此種制度（民法八〇一、八八六、九四八條），以保護交易之安全，票據法師其意而稍加變通（票據法上善意受讓與民法上不同處，請參照拙著民法物權），斯即本法一四條一項：「以惡意或重大過失取得票據者，不得享有票據上之權利」之規定是也。此規定在正面觀之，雖無善意受讓字樣，但若從反面解釋，則確為善意受讓之規定無疑，茲依此規定，並參照一般學說，將其成立要件，析列如下：

(甲)**須由無權利人取得票據** 此尚可分兩點言之：①須已取得票據（即已占有票據），若尚未取得票據，則不生此問題；②票據係由無權利人取得，例如甲之支票一紙，乙竊得後即轉讓於丙，則丙即係由無權利人乙取得。若係由有權利人取得，則當然取得票據權利，無適用善意受讓規定之必要。

(乙)**須取得當時無惡意或重大過失** 所謂惡意即明知讓與人無讓與之權利；所謂重大過失即稍一注意，即可知之，而竟怠於注意，因而不知之謂。取得人須無此種情形，亦即取得人必須為善意且無重大過失始可，否則仍不得享有票據上之權利。

(丙)**須依票據法上之轉讓方法而取得** 所謂票據法上之轉讓方法，不外乎背書及交付兩者而已，取得票據須依背書（背書須連續）或交付而來，始受此規定之保護，否則若非由於轉讓（前例設丙係向乙再盜取而來），固不能取得權利，即雖依轉讓，而非依票據法所定之方法（如依繼承、公司合併、或普通債權之轉讓方法）而取得票據者，亦不能取得權利。蓋此規定之出發點，係在乎保護交易之安全，而促進票據之流通也。

具備上述要件後，則取得票據權利，無論原執票人喪失票據之原因如何（遺失、被盜、或為受寄人擅自處分），均不得向取得人請求返還，同時此種取得係原始取得，則票據上縱有負擔（如質權），亦歸消滅。不過依同條二項規定：「無對價或以不相當之對價取得票據者，不得享有優於其前手之權利。」如前

例，設丙取得票據，係因乙向其清償舊債，則該項舊債額，即為丙取得該票據之對價是，本條規定無對價（前例，設丙係受贈），或以不相當之對價（設該支票票面金額十萬元，而丙係折扣為二萬元而取得，其對價顯不相當），則不得有優於前手之權利，所謂不得有優於前手之權利，應分兩種情形：①前手之權利如有瑕疵，則取得人即應繼承其瑕疵，此乃屬於票據抗辯之問題，不在此之所述問題之內，其詳當另述之，②前手無權利時，則取得人亦不能取得權利，此則為善意受讓之例外，申言之，取得人縱已具備善意受讓之各要件，而本應取得票據權利，但因其取得票據係無對價，或以不相當對價之故，仍不能取得權利也。

應注意者，票據為不得享有票據上權利或票據權利應受限制之人獲得時，原票據權利人得依假處分程序，聲請法院禁止占有票據之人，向付款人請求付款之處分（本法施行細則第四條）。

(二)**繼受取得**　票據權利之繼受取得，亦可分兩項言之，如下：

1.轉讓　票據貴乎流通，故其權利宜於轉讓，因而票據權利亦以由於轉讓而取得者為多，至轉讓之方法，或以背書為之（記名式票據，指示式票據），或依交付為之（無記名式票據，空白背書後之票據），其詳均見後述，於此不贅。

2.法定　票據依法律規定而繼受取得者，首推繼承，其次如公司合併，轉付命令等亦屬之，又票據保證人因清償（本法六四條）、參加付款人因付款（本法八四條）、被追索人因償還（本法九六條四項）亦均可繼受取得票據之權利，然此均屬於一種變例，而非票據關係之正常現象也。

三、票據權利之行使與保全

(一)**行使與保全之意義**　票據權利之行使者，乃票據權利人請求票據債務人履行票據債務之行為也。例如行使付款請求權以請求付款，行使追索權以請求償還均是。其次票據權利之保全者，乃防止票據權利喪失之行為也。例如中斷時效，以保全付款請求權與追索權，遵期提示及作成拒絕證書，以保全追索權均是。票據權利之行使，同時亦多為票據權利之保全，故法律上常二者併稱。

㈡**行使與保全之方法**　票據權利行使之方法，即「提示」是也，所謂提示，乃現實的出示票據於債務人，請求其履行債務之謂，與民法上之請求相當，但民法上之請求，其方法並無限制，口頭、書面，均非所問，此則非現實的提示票據不可。其次票據權利保全之方法，主要者即「遵期提示」與「作成拒絕證書」是也，其詳後述之。

㈢**行使與保全之處所**　本法二〇條規定：「為行使或保全票據上權利，對於票據關係人應為之行為，應在票據上指定之處所為之；無指定之處所者，在其營業所為之；無營業所者，在其住所或居所為之。票據關係人之營業所、住所或居所不明時，因作成拒絕證書，得請求法院公證處、商會或其他公共會所，調查其人之所在；若仍不明時，得在該法院公證處、商會或其他公共會所作成之。」可知行使或保全票據權利之處所，應依下列次序以定：

1.**票據上指定之處所**　票據上既有指定之處所，自應於該處所為之，始合乎當事人之意思，所謂票據上指定之處所，如依本法二七、五〇條所指定之付款處所是。

2.**營業所**　無指定之處所者，應於票據關係人之營業所為之，蓋票據主要為商事上之問題，故於營業所為之為宜。

3.**住所或居所**　無營業所者，應於票據關係人之住所或居所為之（住所、居所之意義，請參照拙著民法總則）。

惟票據上既無指定之處所，而票據關係人之營業所、住所或居所又不明時，則如何？此際自無法再對該票據關係人行使權利，只有改向其他票據關係人行使權利矣。不過對他人所行使者為追索權時，則應作成拒絕證書，而拒絕證書之作成，依本法一〇六條之規定，本應在拒絕承兌地或拒絕付款地之法院公證處、商會或銀行公會為之，但該票據關係人之營業所、住所或居所既屬不明，尚何有拒絕承兌地或拒絕付款地之可言，因而若固執上述之規定，勢必無法作成拒絕證書，故本條乃加以變通，明定：因作成拒絕證書，得請求法院公證處、商會或其他公共場所（如銀行公會），調查其人之所在，若仍不明時，即得在該

調查之法院公證處、商會或其他公共會所作成，以保全其追索權，而便行使。

㈣行使與保全之時間　本法二一條規定：「為行使或保全票據上權利，對於票據關係人應為之行為，應於其營業日之營業時間內為之；如其無特定之營業日或未訂有營業時間者，應於通常營業日之營業時間內為之。」可知行使或保全之時間，應依下列次序以定：

1.特定營業日之營業時間　例如銀行以星期一至星期六為其營業日，而星期一至星期五以上午九時迄下午三時半，星期六以上午九時至中午為其營業時間是，行使或保全票據權利，不僅須在營業日且須在營業時間內始可，否則不為合法之行使或保全，亦即不發生行使或保全之效力是也。

2.通常營業日之營業時間　例如一般商店雖在星期日亦照常營業，且係從早到晚，整日營業，並無特定的營業日或營業時間是。故無特定之營業日或未訂有營業時間者，自得於通常之營業日之營業時間內為之。其次應注意者，本條係著眼於營業者而為規定，若票據關係人非為營業者時，則解釋上自應依通常之時日為之。

四、票據權利之保護

票據權利之保護者，乃法律上對於票據權利，特設之保護方法也。可分兩項述之如下：

㈠票據抗辯之限制　此可分四點述之：

1.票據抗辯之意義　票據之抗辯者乃票據債務人提出合法之事由，以拒絕票據權利人行使權利之行為也。由此可知：①票據抗辯乃票據債務人之行為。②此行為之作用，在乎拒絕票據權利人行使權利，易言之，即對抗其請求是也。③須提出合法之理由（即抗辯事由），否則只能謂之「抗」，不能謂之「辯」；徒抗而無辯，則不能發生效力，故必須有合法之事由，以為依據，始得為抗辯。得為抗辯即謂之有抗辯權，抗辯權為請求權之一大剋星，因而對於債務人之抗辯加以限制，其反面即足以保護債權人矣。

2.票據抗辯之種類　票據抗辯之分類，學者間意見分歧，通說則分為「物

的抗辯」與「人的抗辯」兩類，茲將斯二者分述如下：

　　㈠**物的抗辯**　物的抗辯者乃基於票據關係本體（票據上記載之事項及票據性質上當然發生之事項）所為之抗辯，可以對抗一切票據權利人之請求，不因執票人之變更而受影響，故亦稱絕對的抗辯，或客觀的抗辯，更可分為兩種如下：

　　A、一切票據債務人得對一切票據債權人之抗辯，例如：

　　①票據要件欠缺之抗辯（例如發票人未簽名，票據金額未記載之類是，本法十一條本文）；

　　②到期日尚未屆至之抗辯（本法七二條）；

　　③票據因除權判決而歸無效之抗辯（本法一九條）；

　　④票據債務業經合法付款而消滅之抗辯（本法七四條）；

　　⑤票據債務業經合法提存而消滅之抗辯（本法七六條）。

　　B、特定票據債務人得對一切票據債權人之抗辯，例如：

　　①行為能力欠缺之抗辯（僅該簽名者得主張，他簽名者不得主張，本法八條）；

　　②票據偽造、變造之抗辯（本法一五條、一六條）；

　　③票據債務因時效消滅之抗辯（本法二二條）；

　　④承兌撤銷之抗辯（本法五一條）；

　　⑤保全手續欠缺之抗辯（如應作成拒絕證書而未作成，本法一三二條）。

　　㈡**人的抗辯**　乃物的抗辯以外之抗辯，此種抗辯僅得對抗特定票據債權人，因而執票人（票據債權人）一有變更，則此種抗辯即受影響，故又稱相對的抗辯，或主觀的抗辯，亦可再分兩種如下：

　　A、一切票據債務人得對特定票據債權人之抗辯，例如：

　　①票據債權人受領能力欠缺之抗辯（如票據債權人破產時）；

　　②票據債權人形式的受領資格欠缺之抗辯（如對於背書不連續票據之執票人，付款人得拒絕付款，本法七一條一項）；

③票據債權人實質的受領資格欠缺之抗辯（付款人對於具備形式受領資格之執票人付款後，雖可免責，但亦以善意並無重大過失時為限，若有惡意或重大過失時則不能免責，因而付款人若明知執票人無實質的受領資格，自亦可拒絕付款，本法七一條二項但書）。

B、特定票據債務人得對特定票據債權人之抗辯，例如：

①原因欠缺之抗辯（自始無原因，或原因消滅）；

②對價關係之抗辯（如同時履行抗辯）；

③其他抗辯（如抵銷之抗辯）。

上述人的抗辯只能對抗特定票據債權人，而不能對抗一切票據債權人，其所以如此者，一則因該抗辯事由性質上使然，如上述之 A 項是；一則由於票據法上特加限制使然，如上述之 B 項是；易言之，後者在民法上並非不可以對抗債權之受讓人（民法二九九條一項），只是票據法為特別保護票據善意受讓人起見，乃予以切斷而已，斯即所謂票據抗辯之限制之問題是也，詳下述之。

3.票據抗辯之限制 依民法二九九條一項規定：「債務人於受通知時，所得對抗讓與人之事由，皆得以之對抗受讓人」。可見在一般債權之轉讓，後手應承繼前手之瑕疵，債務人所有之抗辯，均不因債權之轉讓而受影響；但在票據則不然，蓋票據貴乎流通，倘債務人所有之抗辯，均得對抗受讓人（執票人）時，則受讓人之權利，未免大受威脅，影響所及，無人樂於接受票據，則票據流通必受阻礙矣。故票據法特將人的抗辯，加以限制，而於一三條本文規定：「票據債務人不得以自己與發票人或執票人之前手間所存抗辯之事由，對抗執票人。」此一規定，可分兩點述之：

①票據債務人不得以自己與發票人間所存抗辯之事由對抗執票人 例如子向甲定購貨物，由甲簽發一自己受款之定期匯票，而由子承兌，屆期甲向子請求付款，如甲尚未交貨時，子可向甲主張同時履行之抗辯，而暫時拒絕付款，此種情形，若該匯票已轉讓與丁，而丁請求付款時，子（票據債務人）即不得以甲之尚未交貨（自己與發票人間所存抗辯之事由），對抗丁（執票人）矣。

②**票據債務人不得以自己與執票人之前手間所存抗辯之事由對抗執票人**

例如甲簽發本票一紙與乙，當乙向甲請求付款時，甲得主張與乙前次欠己之款相抵銷，而拒絕現實付款，但該本票如已轉讓於丁，而丁向其請求時，則甲（票據債務人）即不得以其自己對於乙（執票人之前手）之債權，與此項付款債務相抵銷，亦即不得以該項事由對抗丁（執票人）是也。

由於上述可知票據之轉讓，以後手不承繼前手之瑕疵為原則，因而票據債務人之抗辯權，當票據轉讓時，即被切斷矣。此點雖對於票據債務人不利，但為強化票據之流通機能，亦不得不然。此外在一般債務之保證，保證人有先訴抗辯權，而票據保證人則無之（本法六一條一項），可見在票據保證，其保證人之抗辯權，已不止於限制而已，且竟被剝奪，法律保護執票人者不可謂不厚矣。其次應注意者，尚有三點：①抗辯之限制，僅不許票據債務人以其自己與執票人前手間所存抗辯事由對抗執票人而已，至票據債務人以其自己與執票人間所存之抗辯事由，對抗執票人，仍非法所不許（二七滬上字九七號判例）。②抗辯之限制，係對票據轉讓之情形而設，若係以背書委任取款，而非轉讓時，則票據債務人仍得以對抗背書人（委任人）之事由，對抗執票人（受任人），此點後詳述之。③票據如非由受讓，而係由於繼承或公司合併等情形而取得者，則抗辯限制之規定，不適用之。

4.惡意抗辯之准許 本法一三條但書規定：「但執票人取得票據出於惡意者，不在此限」，所謂不在此限，即票據債務人仍得以其自己與發票人或執票人之前手間所存抗辯之事由，對抗執票人是也。此種情形謂之惡意抗辯。蓋前述票據抗辯之限制，乃屬原則（對民法上之規定言之，則為例外），係為保護善意之執票人而設，若執票人取得票據，係出於惡意時，自不能不例外的（返於民法上之原則矣），准許其仍得抗辯，否則無異鼓勵詐偽，縱為助長票據之流通，亦不應不擇手段以至於斯也。不過惡意抗辯在票據法上究屬一種例外，故票據債務人為此抗辯時，對執票人之有惡意應負舉證責任。至所謂惡意，乃指明知票據債務人與發票人或其前手間有抗辯之事由存在者而言，如前段①所舉匯票

之例，設甲對於子之交貨債務，曾由丁保證時，則丁明知甲子間有同時履行抗辯問題之存在，此際子自得以甲之未交貨，向丁對抗是；又如前段②所舉本票之例，設受款人乙為避免甲之主張抵銷，而與丁合謀，將該本票佯讓與丁，利用票據抗辯限制之規定，以為護符，自甲處取得現款後二人朋分時，此際甲亦得以丁係惡意為由，而向其主張抵銷是也。

此外依本法一四條二項規定：「無對價或以不相當之對價取得票據者，不得享有優於其前手之權利」。此一規定涉及兩種問題，一為善意受讓之問題，一為票據抗辯之問題，前者關乎票據權利之取得，亦即權利歸屬之問題，前已言之矣，茲不復贅。後者關乎票據權利之內容問題，申言之，無對價或以不相當之對價取得票據者，如其前手之權利有瑕疵（附有人的抗辯），則應承繼其瑕疵是也。依前所述，票據權利之瑕疵（人的抗辯），本以不移轉於後手為原則（後手之權利，優於前手之權利），但於惡意抗辯之情形，則為例外，而於此則無論執票人是否有惡意，只要其票據係無對價而取得（例如受贈），或以不相當之對價而取得時（如票面拾萬元，折扣為伍萬元），則仍不得有優於前手之權利，結果前手之權利，如附有人的抗辯者，執票人亦不能不承繼之。此乃票據抗辯限制之又一例外也。蓋票據抗辯限制之原則，雖為助長流通而設，但究不免犧牲債務人之利益，因而對於無對價而取得票據者，即不能使之受此原則之保護，否則有失公平之旨矣，至對於以不相當之對價取得票據之人，亦同樣不使其受此原則之保護者，因其對價既不相當，即難免有惡意之情事，故法律上乃亦不使之有優於前手之權利，以杜巧取。

(二)**票據喪失之補救** 此可分為下列兩點言之：

1.**票據喪失之意義** 票據喪失者乃執票人因遺失、被盜（相對的喪失）或焚燒、損毀（絕對的喪失），而失去票據之占有之謂。票據喪失時，票據之權利雖非當然消滅（此點與貨幣不同），但票據為提示證券，非提示票據不能行使權利（本法六九、一三〇條）。又為繳回證券，非交出票據不能受票面金額之支付（本法七四條一項），可見票據喪失對於執票人之權利實大有影響，加以若係相

對喪失，其權利又有被他人行使之虞，故法律不能不設規定，予以補救。補救之道若何？第一，須先防止他人冒領，斯即「止付通知」是也；第二，須設法使執票人仍能行使其權利，斯即「公示催告及除權判決」是也，其詳於下段述之。

2.票據喪失之補救方法　票據喪失之補救方法，可分兩點即：

㈠**止付通知**　本法一八條一項規定：「票據喪失時，票據權利人得為止付之通知」，所謂止付之通知，即將票據喪失之情形通知付款人，使停止付款之謂。至於止付通知之手續，依本法施行細則五條之規定：「票據權利人依本法第十八條規定為止付通知時，應填具掛失止付通知書、載明左列事項、通知付款人。一、票據喪失經過。二、喪失票據之類別、帳號、號碼、金額及其他有關記載。三、通知止付人之姓名、年齡、住所。其為機關、團體者，應於通知書上加蓋正式印信。其為公司、行號者，應加蓋正式印章，並由負責人簽名。個人應記明國民身分證字號。票據權利人為發票人時，並應使用原留印鑑。」而付款人方面對於止付之票據，應即查明，對無存款又未經允許墊借票據之止付通知應不予受理，對於存款不足或超過付款人允許墊借金額之票據，應先於其存款或允許墊借之額度內予以止付，其後如再有存款或續允墊借時，仍應就原止付票據金額限度內，繼續予以止付。又票據權利人就到期日前之票據為止付通知時，付款人應俟到期日後，再依前項規定辦理；其以票載發票日前之支票為止付通知者亦同。通知止付之票據如為業經簽名，而未記載完成之空白票據，而於喪失後經補充記載完成者，準用前兩項規定辦理，付款人應就票載金額限度內予以止付。其經止付之金額，應由付款人留存，非依本法十九條二項之規定，或經占有票據之人及止付人之同意，不得支付或由發票人另行動用（同條二至五項）。

其次票據權利人應於提出止付通知後五日內向付款人提出已為聲請公示催告之證明（本法一八條一項但書），未依此項但書規定辦理者，止付通知失其效力（同條二項），以免久延，致損他人之利益。又票據權利人雖曾依本法十八條

第一項之規定，向付款人為公示催告聲請之證明，但其聲請被駁回或撤回者，或其除權判決之聲請被駁回或撤回，逾期未聲請除權判決者，仍有本法十八條二項規定之適用。而依本法十八條二項規定止付通知失其效力者，同一人不得對同一票據，再為止付之通知（本法施行細則七條）。

(乙)**公示催告** 本法一九條一項規定：「票據喪失時票據權利人，得為公示催告之聲請」，所謂公示催告乃法院依當事人之聲請，以公示之方法，催告利害關係人申報權利，如不申報時，即使生失權效果之程序也。公示催告為民事訴訟法（第八編）上之特別程序，因票據喪失而聲請公示催告者亦應依民事訴訟法之規定為之，即：①聲請人應提出證券謄本或開示證券要旨及足以辨認證券之事項，並釋明被盜遺失或滅失及有聲請權之原因事實（民訴五五九條）；②法院應就公示催告之聲請為裁定，如准許聲請者應為公示催告（民訴五四〇條）；③公示催告應記載持有證券人應於期間內（自公示催告最後登載公報或新聞紙之日起，應有三個月以上，九個月以下，民訴五六二條）申報權利及提示證券，並曉示以如不申報及提出者即宣告證券無效（民訴五六〇條）。

公示催告具有下列之作用：

①**善意受讓之防止** 票據如係被盜或遺失時，雖因有止付通知，即足以防止其冒領，但究不能防止該票據落於善意人之手，斯時仍不能不對之付款，因此為防止他人之善意受讓，即不能不借助於公示催告程序，蓋公示催告之佈告，不僅應黏貼於法院之牌示處，並登載於公報或新聞紙，且應黏貼於交易所（民訴五四二、五六一條），如是雖不敢謂家喻戶曉，人盡皆知，但畢竟使善意受讓之機會，大為減少。

②**除權判決之取得** 除權判決者乃法院因當事人之聲請，所為之權利消滅之判決也。除權判決須經公示催告，始得聲請（民訴五四五條），亦即非經公示催告則不能取得。除權判決應宣告證券無效（民訴五六四條一項），有除權判決後，喪失票據之人，即可對於票據債務人主張票據上之權利（民訴五六五條一項），亦即依據該項判決，即可請求付款（或追索），而不必提示票據矣。

③**支付或提存之請求**　喪失票據之人，依據除權判決固可請求付款，但自公示催告開始後，至取得除權判決止，尚須經過相當之時日，聲請人勢必無法利用該項票款，必感不便，同時付款人之信用及財產亦難保長久不渝，故本法一九條二項上段乃規定：「公示催告程序開始後，其經到期之票據，聲請人得提供擔保，請求票據金額之支付」，適用此規定而請求支付者，須合乎下列三點：

(A)須為已到期之票據，若其票據尚未到期，則應依下段④所述辦法為之，不在此限，蓋到期日既未屆至，縱票據未喪失時，猶不能請求付款，況已喪失者乎？

(B)須提供擔保，所以如此者，一則防止請求人之詐欺，一則萬一有善意受讓人出而主張權利時，付款人亦可藉以補償重為給付之損失也，故請求人非提供擔保不可，否則依同條同項中段規定：「不能提供擔保時，得請求將票據金額提存。」

(C)須在公示催告程序開始後，此種請求付款（請求提存亦同），須於公示催告程序開始後始得為之，可見此亦公示催告之另一作用也。

④**新票據給與之請求**　上述之支付或提存之請求，係指票據已到期者而言，至未到期者，依同條同項下段規定：「其尚未到期之票據，聲請人得提供擔保，請求給與新票據」。蓋票據既未到期，付款人即無付款之義務，而喪失票據之人，又難免欲利用票據以為轉讓，故法律乃許其提供擔保而給與新票據，以利其用。至此種請求亦須於公示催告程序開始後始得為之，故亦屬於公示催告作用之一，自不待言。

綜據上述，可知執票人喪失票據，尚可依上述之方法，以謀補救，法律之保護執票人者可謂周到矣。惟於此尚應附述者有下列四點：

①上述之補救辦法，原則上一切票據均得適用，但保付支票則不適用之（本法一三八條四項）。蓋支票一經保付，付款人即應負絕對付款責任，與貨幣所差無幾，故不得再適用止付通知及公示催告之辦法。又付款人業已付款之支票，亦不得適用此種規定（本法施行細則第六條），自不待言。

②公示催告程序開始後，如有持有證券之人申報權利，並提示證券者，法院應通知聲請人並酌定期間使其閱覽證券（民訴五六三條），閱覽之結果，如聲請人認為該證券係其喪失之物，則公示催告程序即由此而終結，如有爭執，應依一般訴訟程序以為解決。

③我國習慣，票據喪失時，多用掛失止付辦法，經過一定期間後，得覓保取款，但自票據法施行後，上述之習慣，即不復有法律之效力，故付款人付款後仍不能免責。又一般人於票據喪失後，多登報聲明作廢，此種辦法雖亦不發生法律上之效力，但卻具有減少善意受讓機會之功能。

④喪失票據，如係出於遺失，而由拾得人返還時，則票據權利人是否仍應依民法八〇五條二項規定給與報酬（遺失物價十分之一之報酬），實值得研究，因票據與一般之物不同，票據雖已遺失，尚可依公示催告及除權判決程序而宣告其無效，結果該票據之價值可等於零，而一般之物，卻無法如此，該票據之價值既可全無，則返還否，似與遺失人無利害關係，因而即不必給與報酬，其實不然，蓋一則該票據有落於善意受讓人之手之虞，遺失人既不免因此而受損害；一則權利人因遺失而不占有票據，於行使權利上諸多不便，亦不免因此而遭受不利，況公示催告及除權判決在在需要費用，並浪費時間，亦非同兒戲，若拾得人將其返還時，遺失人即可以藉以免去上述之弊害，受益良多，故對於拾得人給與若干報酬，亦屬理之當然，不過於算定遺失物（票據）之價格時，並不得逕以該票據之票面金額為準，而應視該票據落於善意受讓人手之機會之多寡（記名票據與無記名者不同），可能發生損害程度之大小（平行線之支票與一般支票不同），及該票據未占有時，行使權利之如何不利等情形以判定之。

五、票據權利之消滅

票據權利之消滅者，票據上之付款請求權或追索權因一定之事實，而客觀的失其存在之謂。所謂一定之事實，即票據權利之消滅原因是也。票據權利消滅原因不止一種，有為付款請求權及追索權之所共通者，如付款（本法六九、一二四、一四四條）及消滅時效（本法二二條）是；有為追索權所獨具者，如

保全手續之欠缺（本法七九、一〇四、一二二條五項、一三二條），參加付款之拒絕（本法七八條二項），故意違反規定而參加付款（本法八〇條二項）等均是。除追索權所獨具之消滅原因，另於各該適當處所詳述外，茲將付款請求權及追索權之共通的消滅原因分述之如下：

㈠**付款**　付款有廣狹二義，狹義的付款專指付款人（或擔當付款人）向執票人支付票面金額之全部或一部之行為而言，本法六九條以下所規定者是（詳後述之）。廣義的付款，則除狹義的付款外，尚包括被追索人之償還，保證人之清償及參加付款三者而言，此處所述者以狹義的付款為限，蓋廣義的付款中之被追索人之償還，僅能使追索權相對的消滅（本法九六條四項），而保證人之清償及參加付款亦僅能使執票人之權利消滅，而保證人及參加付款人仍取得其權利，故嚴格言之，斯三者均非付款請求權及追索權之共通的絕對的消滅原因也。只有狹義的付款，既能使付款請求權絕對的消滅，亦能使追索權絕對的消滅，不過此之付款亦有全部付款與一部付款之別，全部付款則付款請求權及追索權全部消滅，一部付款則一部消滅，自不待言。

㈡**時效**　時效指消滅時效而言，票據權利為一種債權，自亦得罹於時效而消滅，惟票據法所設之時效期間較短耳。其情形有下列三種：

1.票據上之權利，對匯票承兌人及本票發票人（對此二者為付款請求權），自到期日起算，但見票即付之本票，則自發票日起算，三年間不行使，因時效而消滅；對支票發票人（對此則為追索權）自發票日起算，一年間不行使，因時效而消滅（本法二二條一項）。

2.匯票本票之執票人對前手之追索權，自作成拒絕證書日起算，一年間不行使，因時效而消滅；支票之執票人對前手（指發票人以外之前手而言）之追索權，四個月間不行使，因時效而消滅。其免除作成拒絕證書者，匯票本票自到期日起算，支票自提示日起算（本法二二條二項）。

3.匯票本票之背書人對前手之追索權，自為清償之日或被訴之日起算，六個月間不行使，因時效而消滅；支票之背書人對前手之追索權，二個月間不行

使，因時效而消滅（本法二二條三項）。

　　由於上述可知票據權利之消滅時效期間，既因權利種類之不同，而亦不同，復因票據種類之差異，而生差異，同時其起算點，亦復多歧，實令人眼花撩亂，一時難以捉摸，茲為醒目起見，列表解之如下（見下表）：

　　票據之時效問題，其重要部份已列入下表，茲尚須說明者如下：

權利種類	票據種類	權利人	義務人	時　效		備　註
				期　間	起　算　點	
付　款請求權	匯票	執票人	承兌人	三　年	匯票本票自到期日起算，見票即付之本票及支票均自發票日起算。	本法二二條一項
	本票	執票人	發票人			
追索權	支票	執票人	發票人	一　年		
	匯票	執票人	前　手	一　年	1.自作成拒絕證書日起算。2.免除拒絕證書者，匯票本票自到期日起算，支票自提示日起算。	本法二二條二項
	本票	執票人	前　手			
	支票	執票人	前　手（發票人外）	四個月		
	匯票	背書人	前　手	六個月	自為清償之日或被訴之日起算。	本法二二條三項
	本票	背書人	前　手			
	支票	背書人	前　手	二個月		

　　1.票據法上之時效期間，較民法所定之一般時效期間為短，所以如此者，因票據權利較有強力，票據債務人所受之拘束較一般債務人為重，加以一宗債務，而往往牽連多數債務人（本法九六條一項），不能不謂為一種例外現象，故法律乃採取短期消滅時效，俾票據債務人早日脫卸責任，以資調劑。

　　2.票據法上對於時效中斷及時效不完成等問題，未予規定，自應適用民法（一二九條至一四三條）之規定，又時效期間之計算，票據法亦無特別規定（僅有到期日計算之規定，見本法六八條），自亦應用民法（一二〇條至一二三條）

之規定。

3.背書人追索權之時效起算點，有自被訴之日起算者，所謂「被訴之日」指被追索人不予清償，經追索權人起訴，其訴狀送達之日是也。惟此時被追索人既未清償，當然尚未收回票據（本法九九條參照），自無法向其前手請求（不能提示票據），然則其時效何以竟先進行？曰此時雖無法向其前手請求，但不妨以告知訴訟之方法（民法一二九條二項四款、民訴六五條），向其前手中斷時效也（鈴木竹雄：手形法小切手法三〇八頁）。

4.執票人對於保證人之權利，其時效期間如何？法無規定，解釋上須視被保證者為何人而定，被保證者為承兌人，則與對承兌人之時效同，被保證者為背書人，則與對背書人之時效同。

5.保證人於清償債務後，得行使執票人對於被保證人及其前手之追索權（本法六四條）；參加付款對於承兌人被參加付款人及其前手取得執票人之權利（本法八四條一項），其各該權利之時效如何？法無規定，解釋上須視該權利之種類，分別準用上述（本法二二條）時效之規定。

6.支票執票人之付款請求權，有無消滅時效問題，法無規定，按支票之付款人並非票據債務人，其情形與匯票未經承兌之付款人同，不過本法一四三條規定，支票付款人亦有支付之責，該項責任，不僅指付款人與發票人之內部關係而言，即對於執票人亦可發生有條件的直接訴權，則此項權利之時效如何？解釋上應自發票日起為一年，此觀諸本法一三六條二款之規定，即可知之矣。其次對於保付支票之付款人之權利，其消滅時效如何？因此種付款人之責任，既與匯票之承兌人同（本法一三八條一項），則執票人權利之時效，自亦應適用對於匯票承兌人之時效（三年）也（亦有解為應適用民法上之時效期間，自保付之日起為十五年者，但商事上以適用短期時效為原則，故本書不採斯說）。

7.票據上如有多數背書人，而追索又依次進行時，勢難免發生對於主債務人（如匯票承兌人或本票發票人）之權利，已罹時效而消滅，而追索權之時效，尚未完成之現象。此時追索權是否仍可繼續行使？學者間意見不一，有認付款

義務為主債務，償還義務為從債務，主債務消滅，從債務自應隨之消滅，因而票據上對於主債務人之權利，如已罹時效而消滅，則追索權縱時效尚未完成，亦應歸於消滅（鈴木竹雄：手形法小切手法三〇八頁），有認為票據債務各自獨立，主債務因清償、抵銷等原因而歸消滅時，則債權之目的已達，從債務固應隨之而消滅，但主債務罹於消滅時效時，則債權目的未達，償還義務，卻不應隨之而消滅，易言之，只要追索權尚未完成時效，即不受主債權時效之影響也（伊澤孝平：手形法小切手法二一九頁），本書贊成後說，因非如此，則對於本票之發票人既認有付款請求權，復認有追索權，即屬毫無意義（學者間認為本票發票人非為追索權之行使對象，因而竟謂本法一二三條：「執票人向本票發票人行使追索權時……」之一規定，顯有用語不妥之嫌者，有之）。

第二款　非票據關係

一、總　說

　　非票據關係者乃指非票據本身所生，但與票據有關聯之法律關係而言。非票據關係，大別分為二，即「票據法上之非票據關係」與「非票據法上之非票據關係」是也。前者，例如真正權利人對於因惡意或重大過失而取得票據者之票據返還請求權（本法一四條一項），匯票執票人之發行複本請求權（本法一一四條），交還複本請求權（本法一一七條二項），付款人之交出票據請求權（本法七四、一二四、一四四條），及執票人之受益償還請求權（本法二二條四項）均是，其中以受益償還請求權問題較為複雜，茲於以下（二、）專述之；至於後者可分三種：即「票據原因」、「票據預約」及「票據資金」是。此三者總稱為票據之實質關係❺，亦即與票據有關聯之民事上的關係是也。茲於以下（三、）分述之。

---

❺　票據原因與票據資金二者，合稱票據之基礎關係，茲將各種票據之票據關係與基礎關係，圖示之如下：

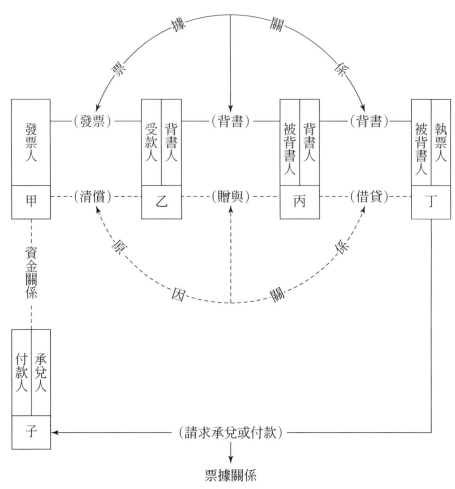

票據關係

◎原因關係+資金關係=基礎關係

圖一　匯票

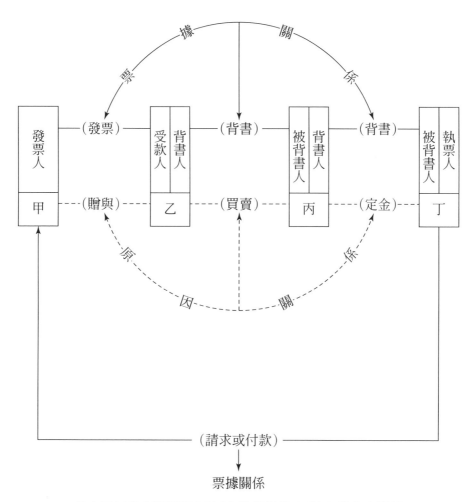

票據關係

◎本票無資金關係但有時(有擔當付款人時)有準資金關係

圖二　本票

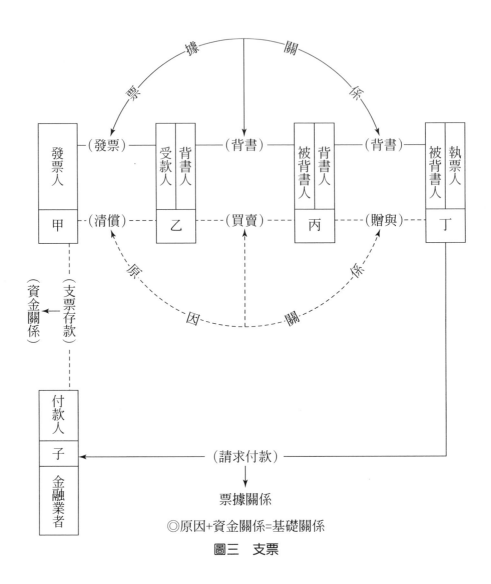

◎原因+資金關係=基礎關係

圖三　支票

二、受益償還請求權

（一）**受益償還請求權之意義**　受益償還請求權，亦稱利得返還請求權，即票據上之債權，雖依本法因時效或手續之欠缺而消滅，但執票人對於發票人或承兌人於其所受利益之限度內，仍得請求償還其利益之權利也（本法二二條四項）。夫票據債務人之責任本較一般債務人為重，故本法對於票據權利設有短期消滅時效及嚴格保全手續（遵期提示及作成拒絕證書）之規定，以調劑之，結果執票人之權利，每易因時效之完成或手續之欠缺而消滅，於是票據債務人即得藉以早日脫卸其責任，而無形中難免享有意外之利益矣。惟此利益之享有，雖非無法律上之原因（此點與民法上之不當得利不同），但究係建築於執票人損失之上，依理言之，不得謂平，故本法乃予執票人以受益償還請求權，俾執票人仍有最後之補救機會。

（二）**受益償還請求權之當事人**　受益償還請求權之當事人如下：

1.**權利人**　受益償還請求權之權利人為執票人，此執票人不以最後之被背書人為限，即被追索時已為償還，而後取得票據之背書人，以及因清償債務而取得追索權之保證人（本法六四條），因參加付款而取得執票人權利之參加付款人（本法八四條）等，亦均包括在內。

2.**義務人**　償還義務之義務人為發票人（匯票、本票、支票），或承兌人（匯票），背書人則不在此限，因背書人以背書轉讓票據時，通常雖多自被背書人受有對價（如以票據購得物品），但另一方面，當初取得票據時，通常亦多付出對價（如因售物而取得該票據），一出一入，可見背書人無受益之可言，因而亦不成為受益償還請求權之對象，同樣發票人或承兌人之保證人，雖均可為票據付款請求權或追索權之對象，但對此受益償還請求權則否，蓋保證人亦無受益之可言也。

（三）**受益償還請求權之要件**　受益償還請求權須具備下列要件，始得成立：

1.**須票據上之債權依本法因時效或手續之欠缺而消滅**　此可分三點言之：①須執票人之債權曾有效存在，否則若屬根本無效（如票據要件之欠缺），則不

在此限；②須票據上之債權，現已消滅，若尚未消滅時，執票人儘可行使付款請求權或追索權，而不能成立此項權利；③須其消滅之原因為時效之完成，或手續之欠缺（如未準時作成拒絕證書），若為其他原因時（如債務之免除），則不在此限，至於該票據權利之罹於時效，或欠缺保全手續，是否出於執票人之故意或過失，在所不問。

2.須發票人或承兌人因之而受利益　票據上之債權因上述原因消滅後，須發票人或承兌人因之而受有利益，始得向其請求返還，否則不可。此項受益情形，不外以下數種：①匯票之發票人已因發行票據取得對價，但尚未供給資金於付款人；②本票之發票人因發行票據取得對價，而因票據權利消滅，致免去付款義務；③支票之發票人因票據權利消滅，而該款於銀行尚保存於自己帳戶之下；④匯票之承兌人業已受有資金，而因票據權利消滅，致免付款義務（若未受有資金，雖免付款義務，亦不得謂之受益）；⑤本票之發票人因贈與而發行本票，如因票據權利消滅致免給付義務，固未受利，此時背書人（受款人）雖受有利益，但亦非此之受益人，因其得利與現執票人票據權利之消滅無因果關係故也。

㈣受益償還請求權之效力　具備上述要件後，則受益償還請求權成立，執票人即得對於發票人或承兌人行使，不過發票人或承兌人之返還義務，僅於所受利益之限度內負之即可。申言之，所受之利益多，返還者亦多；所受之利益少，返還者亦少，若未受利益，則根本無須返還，因而此項權利僅能予執票人以最後之補救機會而已，至執票人能否依此而收得與票據權利未消滅前同一之實效，實未可必也。又執票人行使此項權利時，對於發票人、承兌人實際上是否受有利益及所受利益若干，應負舉證責任。

其次此種權利，因非屬票據權利，而只是票據法之一種特別權利（鈴木竹雄：手形法小切手法三一〇頁，認為係票據權利之變形），故其發生、移轉及行使，均不以依據證券為必要，同時其消滅時效期間，亦不能適用票據法之短期時效，而應適用民法一二五條所規定之十五年之時效期間（三七年上字第八一

五四號判例，本號判例於九一年第十次民事庭會議決議不再援用），又其起算點，法無規定，本書則認為自票據權利因時效或手續欠缺，而消滅之時起算，蓋受益償還請求權，自斯時起，始得行使也。在訴訟上亦無民事訴訟法第三八九條一項四款之適用（司法行政部四五參字第四七二六號令），即法院不得依職權宣告假執行，蓋關於該訴訟之判決，並非命清償票據上債務之判決也。

三、票據之實質關係

　　㈠**票據原因**　茲分下列二點述之：

　　1.票據原因之意義　票據原因乃當事人（發票人與受款人、或背書人與被背書人）間，所以授受（發行或移轉）票據之緣由也。此項緣由因交易情形之不同，而千差萬別，但一般最習見有不外：①買賣價金之支付；②贈與目的之達成；③消費借貸契約之成立（民法四七四條）；④定金之交付；⑤票據本身之買賣；⑥債權之擔保，如設定質權；⑦委任取款等數種。票據之授受，即本於此等緣由而來，故此等緣由稱為票據原因，而該原因之法律關係，稱為原因關係。原因關係以其有無對價，可分下列兩種：

　　㈮**有對價之原因關係**　所謂對價，即因授受票據所取得或付出之對待給付是也。一般票據之授受，無不具有對價，故學者逕以原因關係為對價關係者亦有之，其實對價關係固為原因關係，但原因關係非必盡為對價關係，不可不辨，詳見下述。

　　㈯**無對價之原因關係**　即授受票據並無對價關係者是也。例如為贈與而將票據讓與受贈人，以委任取款之目的而將票據交與被背書人均是。此種無對價之原因關係，在交易上固不若有對價之原因關係為多，但亦並非無有，可見對價關係僅為原因關係之一種，而不能概括原因關係之全部也。

　　2.票據原因之效力　此可分兩點述之如下：

　　㈮**原因關係與票據關係之分離**　當事人授受票據，固多本於原因關係，但票據權利一經成立，即與原因關係脫離。申言之，無論該原因關係是否有效，以至是否存在，對於票據權利之效力，不生影響，吾人所以稱票據為不要因證

券或抽象的證券者以此，蓋為助長票據之流通，不得不然也。

㈡原因關係與票據關係之牽連　上述原因關係與票據關係之分離，乃為保護善意之第三人而設，但於以下之情形，則原因關係與票據關係仍不能不有所牽連。

①授受當事人間，仍得基於原因關係為抗辯，例如甲發行本票一紙與乙，購馬一匹，倘乙未交馬，而請求付款時，甲得主張同時履行之抗辯是。

②取得票據者，其原因關係若係無對價，或無相當之對價者，則不能有優於前手之權利（本法十四條二項）。

③為清償既存債務（原因關係）而交付票據時，原則上票據債務（新債務）若不履行，既存債務（舊債務）仍不消滅（民法三二○條），是為間接給付，但當事人另有意思表示者，亦可因交付票據而使既存債務消滅（民法三一九條），是為代物清償（其詳均請參閱拙著民法債編總論），此亦為票據關係與其原因關係之牽連處也。

㈡**票據預約**　茲分下列兩點述之：

1.**票據預約之意義**　票據預約者，即以票據之授受（發行或移轉）為標的之契約也。當事人之授受票據，固均本於票據原因，但當授受之前，必仍先成立一種明示的或默示的約定，以為依據。例如發票人與受款人間，就票據之種類、金額、到期日等，必先行洽定，然後始能發行票據是。此種洽定，即票據預約是也。又如背書人與被背書人間，就票據背書之種類（正式背書、空白背書），亦必先行洽定，此亦票據預約是也。由此可知票據權利之發生，須先有票據行為；而票據行為之成立，必先有票據預約；票據預約又必基於票據原因，故票據預約實乃票據原因與票據行為之橋樑。亦即票據原因為票據行為之基礎，票據預約為票據行為之準備，而票據行為乃票據預約之實踐。

2.**票據預約之效力**　票據預約既為票據行為之準備，則當事人如不依約而為票據行為時，即屬違反預約，可以構成債務不履行之問題，應依民法之規定解決之，然若一為票據行為，則該項預約即因履行而歸於消滅。對於既已發生

或移轉之票據權利，不生影響，故票據預約對於票據行為雖有催生之作用，但仍非票據法上之問題，而只是民法上之一種法律關係而已。

　　㈢**票據資金**　茲分下列兩點述之：

　　1.**票據資金之意義**　票據資金亦稱資金關係，乃匯票支票之付款人與發票人或其他資金義務人間，所生之補償關係也。夫付款人所以受諾發票人之委託而為之付款者，亦必有其緣由，例如：①發票人曾供給資金，②付款人曾對於發票人負有債務，或③發票人與付款人間有信用契約等均屬之。此等緣由，即票據資金關係是也。票據資金義務人通常固多為發票人，但發票人亦不無為他人之計算而發行匯票者（委託匯票），此時該他人（委託人）為資金義務人，而發票人卻非資金義務人矣。

　　票據資金問題，惟匯票及支票有之，本票則無，因前二者始有委託付款人（委託證券）付款之問題，後者則屬自付證券故也，不過本票如記有擔當付款人時，其發票人亦應供給資金於擔當付款人，學者稱為「準資金關係」。又承兌人與其所指定之擔當付款人間，參加付款人與被參加人間，以及票據保證人與被保證人間之關係，亦均屬於準資金關係。

　　2.**票據資金之效力**　此可分兩點述之如下：

　　㈣**資金關係與票據關係之分離**　資金關係有效無效，以至存在否，與票據關係不生影響。申言之：①票據取得人並非取得發票人對於付款人所有資金關係上之請求權，而係獨立的票據權利；②發票人不得以既供資金於付款人為由，對於執票人或其他之後手，拒絕其追索；③匯票之付款人縱自發票人受有為支付匯票用之資金，亦不因之而當然成為票據債務人；但已承兌，縱未受有資金，亦不得以之為理由，而脫卻票據上之責任；④縱無資金而發行票據時，其票據亦不因之而無效，若無資金，而遭拒絕付款時，執票人自得以之向發票人追索；⑤付款人未受領資金而已為票據之支付時，對於發票人或其他資金義務人固得請求其補償，但此亦非票據關係，而係基於一般民法上之規定（委任契約或無因管理）；⑥付款人或承兌人非為票據授受之當事人，故資金關係與票據之原因

關係亦無關聯，因而更不得利用票據原因關係，對抗票據關係。

　　㈡**資金關係與票據關係之牽連**　　上述資金關係與票據關係分離，乃為助長票據流通而設之原則，例外資金關係與票據關係或票據法上之非票據關係，仍不無牽連之處：①承兌人未受資金，固不得以之為理由，對於執票人拒絕付款，但如發票人向其請求時（本法五二條二項、九八條二項），則得資為人的抗辯；②執票人向承兌人行使受益償還請求權時，則承兌人只能於所受資金之限度，負償還義務（本法二二條四項）；③支票之付款人於發票人之存款，或信用契約所約定之數，足敷支付支票金額時，原則上應負支付之責（本法一四三條）。

》第二章 匯 票《

第一節 總 說

一、匯票之意義

　　本法二條規定：「稱匯票者，謂發票人簽發一定之金額，委託付款人於指定之到期日，無條件支付與受款人或執票人之票據」❻，茲依此析述匯票之意義如下：

　　㈠**匯票者一種票據也**　本法一條規定之票據有三，匯票乃其一，而與本票，支票相併列，斯三者均須由發票人簽發一定之金額，故均屬於金錢證券，此其共通點也。

　　㈡**匯票者委託他人支付之票據也**　匯票之發票人僅為票據之發行人，而非為票據之付款人，付款人須另有人在，此點與本票異，而與支票同，故匯票為委託證券，非自付證券。不過匯票之付款人，並無資格之限制，無論個人、商號均得充當，而支票則不然，支票之付款人，以金融業者為限（本法一二七條），故匯票與支票雖同為委託證券，但就付款人資格一點言，則二者卻又不同矣。

　　㈢**匯票者於指定之到期日無條件支付與受款人或執票人之票據也**　匯票須指定到期日，到期日之指定方式有四（本法六五條，詳後述之），付款須於指定之到期日無條件為之，此點與本票同，與支票異，蓋支票限於見票即付（本法

---

❻　匯票之定義，在統一法系立法例多無規定，英票第三條規定：「稱匯票者，乃指一人向他人出具之無條件書面命令，經由出具之人簽名，要求對方即日或於一定之日期或於未來之特定期間內，向特定人或憑特定人之命令，向執票人支付之定額金錢」。美國統一流通證券法第一二六條（其商業證券法無規定）及澳洲票據法第八條之規定，大體與此相同。

一二八條一項前段），而匯票（本票）則不然，因匯票（本票）原則上利於遠期付款，屬於信用證券，而支票則貴乎即期支付，屬於支付證券，此又二者之不同處。至於發票人簽發之金額均須無條件支付於受款人（票據載有受款人，且未轉讓時）或執票人（票據上未載有受款人，或雖載有受款人，但已轉讓時），則為各種票據之所同。

二、匯票之種類

匯票依各種不同之區別標準，得分類如下：

㈠**記名式、指示式、及無記名式匯票**　匯票以記載權利人之方式為標準，可分為記名式匯票，指示式匯票及無記名式匯票三種。所謂記名式匯票，即發票人記載受款人之姓名或商號者是；所謂指示式匯票，即不僅記載受款人姓名或商號，同時更附加「或其指定人」字樣（學者稱此為指示文句）者是；此點與民法指示證券不同。民法上「指示」二字係指示給付人之問題（民法七〇〇條一項），而此則指示受讓人之問題，故在票據應稱「指定證券」為妥，但俗多稱指示式票據。所謂無記名式匯票，即未載受款人之姓名或商號，或僅記載「來人」字樣者是也。此種匯票，依本法二五條二項規定：「匯票未載受款人者，執票人得於無記名匯票之空白內，記載自己或他人為受款人，變更為記名匯票」❼。

以上三者區別之實益，在乎其流通方法之不同，申言之，前二者須依背書及交付轉讓，後者僅依交付而轉讓，不過前二者如經「空白背書」後，則亦得僅依交付而轉讓，斯時即與後者同矣。

㈡**一般匯票及變式匯票**　匯票以一人是否兼充二以上之當事人為區別標準，可分為一般匯票及變式匯票兩種，前者之發票人，受款人，付款人各異其人，其形式如下：

---

❼　無記名匯票在統一法系各國立法例（如日內瓦統一票據法及日本手形法第一條六款）均不承認，我票據法係仿英美法例而設，按英票第八條第三項規定：「匯票載明付款與執票人者，或匯票上之唯一或最後之背書係無記名背書者，均屬於付款與執票人之匯票」。

```
        （發票人）甲——子（付款人）
                  │
        （受款人）乙
```

　　後者則一人可兼充二以上之當事人（學者稱此為當事人資格之兼併），即本法二五條一項：「發票人得以自己或付款人為受款人，並得以自己為付款人」❽之規定是也，匯票之當事人以各異其人為原則，故斯種匯票屬於一般匯票，至一人而兼充二以上之當事人之匯票，屬於一種變例，故稱變式匯票。變式匯票依上述條文之規定，尚可分為下列三種：

　　1.指己匯票　指己匯票亦稱己受匯票，即發票人以自己為受款人（發票人兼受款人）之匯票是也，其形式如下：

```
        （發票人）甲——子（付款人）
                  │
        （受款人）甲
```

　　此種匯票在交易上多係由售貨人發行，記載自己為受款人，而由購貨人承兌，售貨人取得此種匯票後，或屆期自己受款，或依背書轉讓，或以貼現方法獲取現金，均無不可，頗稱便利。

　　2.付受匯票　付受匯票即以付款人為受款人（付款人兼受款人）之匯票是也，其形式如下：

```
        （發票人）甲——子（付款人）
                  │
        （受款人）子
```

　　此種匯票，受款人與付款人為一人，乍視之似無此必要，但實際上仍有實益，例如以某公司之本公司為付款人，而以其分公司為受款人，藉以結清債務是。此種匯票，其受款人取得票據後，固可用於內部清算，但亦可利用背書方

----

❽　關於指己匯票及對己匯票，統一票據法（第三條一、二項）及日手形法（第三條一、二項）雖亦明文承認，但對於付受匯票則無明文。英票據法則認之，該法第五條一項規定：「凡匯票得規定向發票人付款或憑其命令付款，或得規定向付款人或憑其命令付款」。

法而轉讓，使之流通，以發揮其效用。

3.對己匯票 對己匯票亦稱己付匯票，即發票人以自己為付款人（發票人兼付款人）之匯票是也。其形式如下：

（發票人）甲──甲（付款人）
│
（受款人）乙

此種匯票在日常應用上，頗不乏例，如某人由臺北郵局利用匯票寄款至高雄，由其自己，或第三人為受款人，此時該匯票之發票人為臺北郵局，而付款人為高雄郵局，兩地郵局應屬於同一人，故此種匯票即為對己匯票。對己匯票既係由發票人自己付款，實際上已與本票無大差異矣❾。又依本法二四條三項規定：「未載付款人者，以發票人為付款人」，可見於此種情形，亦能成立對己匯票。

以上 1. 2. 3.所列者均為變式匯票，此外由本法二五條之文義觀之，尚可發生發票人，受款人及付款人均由一人兼充之現象，此種匯票稱為己受己付匯票，其形式如下：

（發票人）甲──甲（付款人）
│
（受款人）甲

己受己付匯票，係三種資格集於一人，倘著眼於匯票之流通性上觀之，固非不可成立，但實際上則殊屬罕觀也。

㊂**定期匯票、計期匯票、即期匯票及註期匯票** 匯票以其指定到期日方式之不同為標準，可分為下列四種：

1.定期匯票 定期匯票（俗稱板期匯票）即定日付款之匯票（本法六五條

---

❾ 對己匯票，在英國票據法上可依執票人之選擇視為本票，該法第五條二項規定：「凡匯票發票人與付款人同屬一人者，或付款人係虛構之人，或無訂約能力人者，匯票之執票人得依其選擇，將該項匯票視為匯票或視為本票」。

一項一款）是也，其樣式如下：

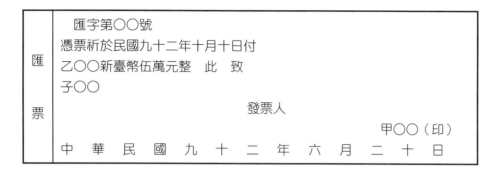

2.計期匯票　計期匯票即發票日後定期付款之匯票（本法六五條一項二款）是也，其樣式如下：

3.即期匯票　即期匯票，即見票即付之匯票（本法六五條一項三款、二四條二項），此種匯票以提示日為到期日（本法六六條一項），其樣式如下：

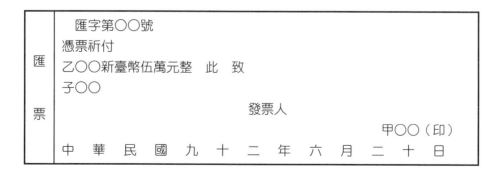

4.註期匯票 註期匯票即見票後定期付款之匯票（本法六五條一項四款）是也。所謂見票，指承兌時之見票而言，此種匯票自承兌之日起算，經若干日（注意：此日數應由發票人預先指定，並非由承兌人於承兌時指定）後始到期，故必須承兌，而承兌時原則上又必須記載承兌日期（本法四六條一項）始可，否則無由算出其到期日，其樣式如下：

上述四種匯票區別之實益，於付款或承兌之指示期限上見之，即 1. 2.兩種匯票，或記有一定之到期日，或能由發票日算出到期日，故均屬於到期日已確定之匯票，因而其執票人即應於到期日或其後二日內為付款之提示（本法六九條一項），可見其付款之提示期限為短。

至於 3. 4.兩種匯票，或以提示日為到期日，或由承兌日計算到期日，前者執票人如不為付款提示，則到期日不能確定，後者執票人如不為承兌之提示，則到期日亦無由算出，可見斯二者均須經執票人之提示，始能確定到期日，故均屬於到期日未確定之匯票。此等匯票之到期日既可依執票人之提示與否而左右，倘執票人永不提示，則到期日勢必永不確定，如此不免對於利害關係人不利。因而法律上乃設有限制，即後者依本法第四五條之規定，執票人應自發票日起六個月內為承兌之提示，此項期限發票人固得以特約縮短或延長；但延長之期限不得逾六個月，因而此項承兌提示期限，可達一年。前者依本法六六條二項準用本法四五條規定之結果，其付款之提示期限亦可達一年，故此兩種匯票之提示期限，均較 1. 2.兩種匯票為長，不過此兩者中之 3.係付款提示期限，

4.則為承兌提示期限，故 4.於到期日仍須依本法六九條一項之規定為付款之提示，自不待言。

於此應附述者，在英美法例有國內匯票與國外匯票之分，行使追索權時，僅後者以作成拒絕證書為必要，前者則否，此乃與我票據法之不同處也。按英票四條一項：「稱國內匯票者，指㈠於不列顛群島境內開立並付款之匯票，或其票面文義如斯表示之匯票。㈡於不列顛群島境內開立，而以境內居民為付款人之匯票，或其票面文義如斯表示之匯票。除此以外任何其他匯票，均屬國外匯票」。同條二項：「除匯票票面有相反之表示外，執票人得視其為國內匯票」，美國統一流通證券法第一二九條，大體如此。

第二節　發　票

一、發票之意義

何謂發票？說者不一，關於票據行為性質之理論，實際上即係以發票為中心而構成（參照註❹）。本書則認為：發票者乃發票人作成票據，並以之發行之基本的票據行為也，析述之可得下列三點❿：

㈠**發票者乃基本的票據行為也**　票據行為由發票開其端，故發票為基本的票據行為。

㈡**發票者乃發票人作成票據之行為也**　所謂作成票據，即於證券上為適法之記載，以創設票據權利義務關係之謂，故發票乃發票人創始的作成票據之行為，此點與背書、承兌等僅係就已成立之票據而為意思表示者，有所不同。

㈢**發票者乃發票人發行票據之行為也**　所謂發行票據，乃將票據交付於受款人之謂。發票僅作成票據，尚未足以完成，必須發票人更將該票據交付於受

---

❿　英票第二條：「發行，意指首次將格式完備之本票或匯票交付於對票據執票人之謂」。美統一流通證券法一九一條同此，但美商業證券法第三節第一○二條則規定：「所謂發行乃將證券首次交付於執票人或匯款人之謂」，此則較流通證券法為進步，第一、方式未完成之證券，亦無礙發行，第二、匯款人縱不兼為受款人，亦可向其交付匯票，而不失為發行。

付人始可。不過此之交付，其目的在乎票據之發行，故與票據轉讓時之交付，及承兌後之交還（本法五一條上段參照），均不相同也。

二、發票之款式

票據為要式證券，故各種票據行為均有一定之款式，發票為基本的票據行為，故發票尤有一定之款式。發票之款式即發票之記載事項是也。發票之記載事項，可分下列各項述之：

㈠**應記載之事項** 應記載之事項亦稱匯票之要件，尚可分為絕對的必要記載事項與相對的必要記載事項兩種，分述如下：

1.絕對必要記載事項 絕對必要記載事項有五：

㈲**簽名** 簽名為發票人負發票責任之表示，故為絕對必要記載事項之一（本法二四條一項本文），缺之則票據無效。發票人不妨有複數，故本法明定二人以上共同簽名時，應連帶負責（本法五條二項）。

㈡**表明其為匯票之文字** 此即學者所稱之票據文句是也，記載此種文句，俾易於辨認其為匯票，否則不但與其他有價證券無所區別，即與其他票據亦將混淆不清矣，故為絕對必要記載事項之一（本法二四條一項一款，但英美法例不以此記載為必要）。至於記載時所用之文字固多用匯票二字，但不以此為限，其他同義字樣，如匯兌券，或匯兌證，亦無不可。又記載之處所，法無規定，學者間有所謂標題說（記載於本文之外，作為標題）與本文說（記載於本文之中，作為本文之一部）之別，依拙見應記載於匯票正面之上端或右端為宜。蓋記載此種文句之用意，既在表明其為匯票，而使人易於辨認，故不宜混雜於其他記載之中，始能醒目也。

㈢**一定之金額** 票據為金錢證券，故一定金額之記載乃絕對必要（本法二四條一項二款）。所謂一定之金額，即其金額必須確定之謂，否則若記為若干元，而無數字，或記載一萬元以內，或一萬元以上，或一萬元或三萬元（選擇的），或一萬元及三萬元（重疊的）時，均非適法，但同一金額而重複的記載時，例如於文字記載外，復以號碼記載，則非法所不許。不過記載金額之文字，

若與號碼不符時，則應以文字為準（本法七條），以杜糾紛❶。又如以分數記載（$\frac{1}{2}$元），或以單名數記載（一〇〇角），雖非不為確定，但解釋上仍屬不可，因一般交易上無此習慣也。至於表示金額之貨幣不以本國貨幣為限，記載外國貨幣，亦屬有效。同時此金額不得改寫（本法一一條三項），以昭鄭重，而防變造。

　　㈦**無條件支付之委託**　所謂支付之委託，即發票人委託付款人支付匯票金額之意思表示也。蓋匯票之發票人既不自行付款，而委託他人支付，自須有支付委託之意思表示❷，而此種意思表示必須單純，故本法明定須為無條件支付之委託，否則倘附條件，例如限定支付資金（請由貴處保管之某筆款項中支付），或限定支付方法（請專以新臺幣百元券支付之），或限定其他條件之成就（某貨輪能於某日到達者，則支付之，支付時須先以電話徵得本人同意後為之），則均不合法，而票據無效。故無明條件支付之委託亦為絕對必要記載事項之一（本法二四條一項五款），惟此項文句應如何記載？法無明文，通常多用：「憑票祈付」四字表示之。所應注意者，支付之委託僅不許附條件而已，若附

---

❶　英票九條二項：「凡匯票之應付金額，同時以文字及數字表示，而二者所表示之金額不相符合者，應以文字所表示者，為其應付金額」。美統一流通證券法一七條本文與此相同，惟多一但書，即「但文字曖昧不明確時，得參照數字以決定其金額」。美商業證券法第三節一一八條規定：「b 手書之文言，優於打字或印刷之文言，而打字之文言又優於印刷之文言，c 文字優於數字，但文字曖昧時，則以數字為優」。

❷　支付委託之法律性質若何？說者不一，最近以支付指示 (Anweisung) 說為有力，依該說則認為支付委託具有雙重授權 (Dappalermächtigung) 之作用，即一面發票人授與付款人以付款人自己之名義，為發票人之計算而支付票據金額之權限；一面發票人授與受款人以受款人自己之名義，為發票人之計算而受領票據金額之權限。因而付款人如已支付，則依第一授權，其經濟的效果應歸屬於發票人，即於發票人與受款人間，可發生與由發票人自己直接支付於受款人同樣之效果。同時受款人如自付款人受領時，則依第二授權，不問資金關係之有無，於發票人與付款人間，可發生與發票人自己直接受領同樣之效果。此等說明，有將實質關係與票據關係混為一談之嫌，故反對之學者，亦復不少（鈴木竹雄：手形法小切手法三二二頁以下參照）。

期限，如憑票祈於「○年○月○日」付，則正合乎法之要求，蓋斯乃到期日之問題，不能與條件相提並論也。

㈤**發票年月日**　發票年月日亦為絕對必要記載事項之一（本法二四條一項七款）[13]。所謂發票年月日即形式上匯票發行之年月日，而於票面所記載者是也。此年月日為意思表示之內容，而非事實之紀錄，故縱與真實之發票年月日不符（如十月一日發票，而票面上所記載者為十月五日；或十月十日發票，而票面上所記載者為十月一日是），亦與匯票之效力無礙，不過所記載之月日，如為曆中所無有（如二月三十一日），則仍非適法，而票據無效（亦有認為此種情形，應以該月之末日為發票日，俾符當事人之真意者）。蓋發票年月日並非僅為一種形式，且具有下述之作用故也。

發票之年月日之作用如何？言之有四端：①為決定發票日後定期付款匯票（本法六五條一項二款）之到期日之標準，②為決定見票即付匯票（本法六五條一項三款）之付款提示期限之標準（本法六六條二項準用四五條），③為決定見票後定期付款匯票（本法六五條一項四款）之承兌提示期限之標準，④有時或為利息起算日（本法二八條三項），或為保證成立日（本法五九條二項）之標準。

發票年月日既具有上述之作用，故亦應單純，而不得為複數之記載。又學者或認為發票年月日可藉以查知發票當時，發票人行為能力或代理人代理權限之有無者，其實票載之發票年月日既可與實際之發票年月日不一致，則斯等事項之決定，即仍應依實際之發票年月日為之，不過票載之發票年月日於無反證前，卻可推定為實際之發票年月日，自不待言（鈴木竹雄：手形法小切手法一九一頁）。

2.相對必要記載事項　相對必要記載事項亦有五：

㈠**付款人之姓名或商號**　付款人乃受發票人之委託，而為票據金額支付之

---

[13]　發票年月日在英票據法不以之為匯票要件，該法第三條四款：「匯票不因下列事由之一而失效：①未載明日期者……③未載明發票地或付款地者」。

人，此人經承兌後則為承兌人，承兌人為匯票之第一債務人，故付款人亦為必要記載事項之一（本法二四條一項三款），不過如未記載時，則法律上另設有補充之規定，即以發票人為付款人（本法二四條三項）是也，故付款人姓名或商號之記載，屬於相對必要記載事項。

匯票之付款人可為個人，可為商號，可為金融業者，法律上並無限制，此點與支票之付款人以金融業者為限者，大不相同。又付款人可否為複數之記載，學說上頗不一致，依通說須視該複數記載之情形如何以定，複數的記載若為：①重疊的記載（如甲及乙，或甲乙併列），則有效；②選擇的記載（如甲或乙）亦可有效；③順序的記載（如先向甲後向乙），則應認為先者為付款人，後者為預備付款人；④分擔的記載（如甲付一部份，乙付一部份），則應屬無效。

付款人複數記載，如為重疊的記載，固屬有效，已如上述；但實際上此種記載最易惹起糾紛，第一、複數之付款人究應連帶負責，抑分別負責？第二、複數之付款人中，如有一人拒絕承兌時，是否即可行使追索權，抑必俟全體付款人為拒絕後，始得行使追索權？凡此法律上均無明文規定，胥有待乎解釋也（梅仲協先生：商事法要義一九八頁）。

㈡**受款人之姓名或商號**　受款人乃票據第一次的權利人，故亦為必要記載事項之一（本法二四條一項四款）；但如未記載時，則法律上以執票人為受款人（本法二四條四項），故亦屬於相對必要記載之事項。其未記載受款人之姓名或商號者，即所謂無記名匯票是也。

受款人可否為複數的記載，學說上一致肯定。此時如為重疊的記載，則票據權利之行使，須由全體受款人共同為之。其背書亦應由全體為之；如為選擇的記載，則僅現實的占有票據者為權利人，因而無論票據權利之行使或移轉，均得由該權利人單獨為之[14]。

---

[14]　英票第七條二項：「匯票得以二人以上為共同受款人，或選擇二者之一，或數人中之少數人為受款人，匯票亦得以機構當時之主持人為受款人」，同條三項：「凡受款人為虛構之人或已死亡之人者，該匯票得視同以執票人為受款人」。

㈠**發票地**　發票地者乃匯票發行時,形式上所記載之發票地域也。此種記載亦為意思表示之內容,而非事實之記錄,故與實際上之發票地縱不一致,亦不妨礙票據之效力。發票地有決定發票行為準據法之作用,故為必要記載事項之一(本法二四條一項六款),但如未記載時,則法律上以發票人之營業所住所或居所所在地為發票地(本法二四條五項)。

發票地如何記載?一般多以最小的獨立行政區域(如臺北市、新竹市之類)表示之,但在解釋上並不以此為限,即記載「中華民國」或「法國」等字樣,亦非不適法,蓋斯種記載於國際票據法上適用行為地法時,均得作為準據也(伊澤孝平:手形法小切手法三二四頁)。

㈠**付款地**　票據金額所應支付之地域謂之付款地(付款地與付款處所不同,詳後述),付款地亦為必要記載事項之一(本法二四條一項八款),然若不記載時,則法律上以付款人之營業所住所或居所所在地為付款地(本法二四條六項)故亦為相對必要記載事項❺。票據上所以必須有付款地者,一則避免執票人隨地請求,易惹糾紛,一則票據涉訟時,得由付款地之法院管轄(民事訴訟法一三條),殊多便利故也。又表示匯票金額之貨幣,如為付款地不通用者,除有特約外,得以付款地通用之貨幣支付之;而表示金額之貨幣,如在發票地與付款地名同價異者,推定其為付款地之貨幣(本法第七五條)。又執票人發行回頭匯票(詳後述)時,其金額依原匯票付款地匯往前手所在地之見票即付匯票之市價定之(本法一○三條一項),至於執票人不於法定期限內為付款之提示時,票據債務人得將匯票金額提存於付款地之法院(本法七六條)。凡此皆為付款地之實益也。

---

❺ 英票第四五條四項:「匯票應於下列適當地點提示之, 1.於匯票所載付款地提示之。2.匯票未載付款地而載明付款人或承兌人之地址者,向該地址提示之。 3.匯票既未載明付款地又無付款人或承兌人地址之記載者,如知其付款人或承兌人之營業所所在地者,向該營業所所在地提示之,不知其營業所所在地,而知其平常居所所在地者,向該居所所在地提示之。 4.此外可向覓得付款人或承兌人之地點提示之,或向其最後所知之營業所或居所所在地提示之」。

付款地如何記載？法無規定，一般多記載最小的獨立行政區域（如臺北市或新竹市之類）。其次付款地不以與發票地相異為必要。此兩地為同地者，學者稱為「同地匯票」，為異地者稱為「異地匯票」；又付款地與付款人之住所同其地域者，學者稱為「當地付款匯票」，否則謂之「他地付款匯票」。此外付款地依通說不許為複數之記載，蓋斯乃有害於執票人對於票據權利之行使也。

㈤**到期日**　到期日亦為必要記載事項之一（本法二四條一項九款）；但未記載者，視為見票即付（本法二四條二項），故亦屬相對必要記載事項（關於到期日之詳細，另於本書第二章第七節述之，請參照）。

㈡**得記載之事項**　得記載之事項亦稱任意記載事項，此等事項甚多，但本法匯票章之「發票及款式」一節中所規定者有五：

1.**擔當付款人**　擔當付款人者乃發票人於付款人外，記載一人（發票人未記載者，付款人亦得指定之，本法四九條），代付款人實際付款者是也（本法二六條一項）。此人雖非票據債務人，卻能代付款人實際付款，因而匯票上載有此人者，其付款之提示應向此人為之（本法六九條二項）。同時此人如拒絕付款時，亦與付款人自行拒絕付款有同一之效力（本法七九條參照）。

擔當付款人為任意記載事項之一，當事人如有需要，可記載之，否則不必記載，然則當事人於何種情形始有此需要？亦即記載擔當付款人之實益若何？即付款人若非銀行時，自可指定其有往來之銀行代其付款，蓋匯票之付款人既不似支票之以金融業者為限，即個人或一般商號亦得充之，而個人或一般商號又未必自行保存為支付該匯票用之現金，故法律乃允許發票人或付款人另行指定擔當付款人，以謀實際之便利。故擔當付款人只有匯票與本票有之，而支票則無，蓋支票無此需要也。不過擔當付款人雖多指定金融業者充之，然法律上既未如是限定，則仍指定個人或一般商號，亦非不適法（但如此究無多大實益），不過必須為付款人以外之人始可。

2.**預備付款人**　預備付款人者乃發票人於付款人外記載（背書人亦得記載，本法三五條）在付款地之一人，預備將來參加承兌或參加付款者（本法二六條

二項）是也。由此可知：①預備付款人係為將來參加承兌（本法五三條）或參加付款（本法七九條一項末段）而設，故只匯票有之，而本票及支票則無；②預備付款人限於發票人或背書人有權指定，蓋預備付款人既係為參加承兌或參加付款而定，而參加承兌或參加付款又為防止追索權之行使而設，追索權行使之對象為發票人及背書人，故斯二者均有權指定預備付款人❶，藉以防止追索權之行使；③預備付款人須為付款人以外之人，且須在付款地者始可。所以如此者，為謀執票人向其請求參加承兌或參加付款時之便利也。

其次應注意者，預備付款人與擔當付款人不同，其不同之點有三：預備付款人為第二付款人，而擔當付款人，則僅代付款人付款而已，並非付款人，此其一。預備付款人乃發票人或背書人所指定，而擔當付款人則為發票人或付款人所指定，此其二。預備付款人限於在付款地之人，而擔當付款人則否，此其三。

3.付款處所 付款處所者乃發票人所記載（付款人於承兌時亦得記載，本法五〇條）付款地內之一定的付款地點也。付款處所與付款地不同，付款地指地域而言，付款處所則指該地域內之特定的地點而言，例如「臺北市」為付款地，而「臺北市重慶南路一段七七號」則為付款處所，付款處所之效力，即票據上指定有付款處所者，則執票人為行使或保全票據上權利，對於票據關係人應為之行為，應在該處所為之（本法二〇條上段）是也。

付款處所之記載，有出於發票人或付款人之自動者，亦有出於受款人之要求者，蓋此種記載頗有實益，茲分三方面言之：①就發票人方面言，發票人為期易於知悉匯票屆期是否付款，自可指定較自己住所為近之付款處所，以便就

---

❶ 日內瓦統一票據法第五五條一項及日本手形法第五五條一項，均規定保證人亦得指定預備付款人，因保證人亦為追索權行使之對象故也。又英票法第一五條：「發票人及任何背書人得於匯票上填入第三人之姓名，使匯票執票人需要時有所依賴，所謂需要時乃指匯票因不獲承兌或不獲付款而未能兌現時而言。此類第三人謂之預備付款人，匯票執票人如認為適當，得自行決定是否依賴預備付款人」。

近監視付款,若發票人之處所亦在付款地者,且可指定自己之住所為付款處所,俾於到期日執票人來此請求,而付款人亦來此付款,可藉以查知真相;②就付款人方面言,因依本法二〇條中段規定之結果,票據上無指定付款之處所者,付款須在其營業所住所或居所為之,故付款人如不欲或不能在其營業所、住所或居所付款者,自得於承兌時另行記載付款處所;③就受款人方面言,倘受款人如欲屆期親自受款,而付款人之營業所(如臺灣銀行總行)距自己住所較遠者,自可要求發票人或付款人記載鄰近自己住所之支店(如臺灣銀行南門分行)為付款處所,以謀便利,甚且可以要求記載受款人自己之住所為付款處所,屆期在家坐候。如此可使本為「往取債務」之匯票,變為「詣償債務」之匯票矣,果發票人或付款人能應其要求而為記載,則便利莫甚。

4.利息及利率　本法二八條一項規定:「發票人得記載對於票據金額支付利息及其利率」。可見利息及利率亦為任意記載事項之一,不過如僅記載利息,而未經載明利率時,則本法定為年利六釐(本法二八條二項),是為法定利率(民法二〇三條所定之法定利率為週年百分之五)。既有利息,自應約有起息之日,然無此項特約者,則利息應自發票日起算(本法二八條三項)❼。

其次應予附述者尚有以下二點:①法律所以允許匯票附記利息者,因匯票為信用證券,多為遠期付款故也。基於同一理由,故本票亦得附記利息(本法一四四條準用二八條),但支票則不與焉,因支票非信用證券故也。雖票據法於民國四九年修正時,在一三三條明定,執票人向支票債務人行使追索權時,得請求自為付款提示日起之利息,但斯乃遲延利息,與本法九七條一項二款所定之利息性質相同,與此之所謂利息則不同也。②匯票如為定期付款,或發票日後定期付款者,當事人可先將利息金額算出,加入匯票金額之中,而不附記利息 (故日內瓦統一票據法五條及日本手形法五條 , 對此兩種匯票不許附記利息)。

---

❼　美商業證券法第三節一一八條 a :「以無反對之表示為限 , 利息之支付應自證券所載之日期起,無日期者,自發票之日起,依支付處所之判定利率 (Judgment rate) 支付之」。

5.免除擔保承兌之特約　發票人得依特約免除擔保承兌之責（本法二九條一項但書），此項特約，應載於匯票（同條二項），故此項特約亦為任意記載事項之一，詳後述之。

以上所列五種任意記載事項，乃本法第二章第一節之所定，此外發票人尚得記載者有：①禁止轉讓文句（本法三〇條二項）；②應請求承兌並其期限之指定（本法四四條一項）；③一定期日前禁止請求承兌（本法四四條二項）；④承兌提示期限延縮之特約（本法四五條二項）；⑤付款提示期限延縮之特約（本法六六條準用四五條）；⑥不許以付款地通用貨幣支付之特約（本法七五條一項但書）；⑦免除拒絕事實通知之記載（本法九〇條）；⑧免作拒絕證書之記載（本法九四條一項）；⑨禁發回頭匯票之特約（本法一〇二條一項但書），此等事項之詳細，俟於各該適當處所說明之，茲不先贅。

㈢**不得記載之事項**　匯票發票人不得記載之事項如下：

1.**免除擔保付款之記載**　匯票上有免除擔保付款之記載者，其記載無效（本法二九條三項），詳下述之。

2.**本法所不規定或與匯票本質相抵觸之事項**　本法所不規定之事項，記載之不生票據上之效力，與匯票本質相抵觸之事項（如支付委託附以條件），記載之則匯票無效。

三、發票之效力

發票可發生如何效力？茲分三方面述之如下：

㈠**發票及於發票人之效力**　本法二九條一項本文規定：「發票人應照匯票文義擔保承兌及付款」。是為發票人之法定的擔保責任。蓋匯票之發票人係委託他人付款，其本身不負付款責任，只負擔保責任，亦即發票人僅有償還義務。故發票人為第二債務人。發票人之擔保責任可分為二：

1.**擔保承兌**　擔保承兌者，即匯票不獲承兌時，發票人應負償還責任之謂，不過此項責任並非絕對的，發票人得依特約免除之（本法二九條一項但書）。惟須載明於匯票（同條二項）。票據上有此項記載者，則執票人不得因不獲承兌於

到期日前，對發票人（對其他票據債務人不在此限）行使追索權（若無此項記載者，因不獲承兌本得於到期日前行使追索權，本法八五條二項參照）此其實益也⓲。

2.**擔保付款**　擔保付款者，即匯票到期不獲付款時，發票人應負償還責任之謂。此種責任係絕對的，不得依特約免除，因之本法二九條三項規定：「匯票上有免除擔保付款之記載者，其記載無效」。蓋匯票最終之目的在乎付款，而未經承兌之匯票，付款人本不負付款責任，此時若發票人亦得免除擔保付款之責任時，則該項匯票即無人負最後之責任矣，如此豈非等於廢紙一張，又何能流通也，故法律乃明定其記載為無效。

㈡**發票及於付款人之效力**　匯票之發票僅為發票人一方之行為，付款人並不因之而當然成為票據債務人，必須經其承兌，始負付款責任。不過一經發票，因有支付委託文句之關係，付款人即取得一種可以承兌之地位，自不待言。

㈢**發票及於受款人之效力**　受款人接受票據後，即可取得付款請求權，但此請求權於未經承兌前，僅係一種期待權而已。又可取得追索權，但此權利非具備一定之條件，則不得行使，詳後述之。

第三節　背　書

第一款　總　說

一、背書之意義

背書者，乃執票人對於他人，以轉讓票據權利或其他之目的，所為之一種附屬的票據行為也。析述之可得下列三點：

㈠**背書者乃一種附屬的票據行為也**　票據行為之意義及種類，均已見前述，

⓲　英票一六條：「匯票發票人及任何背書人得於匯票上填入下列之明文規定 1.拒絕或限制本身對於匯票執票人之債務，……。」美商第三節四一三條二項：「發票人發票時，得記載不負償還義務之旨，而免此義務」。

背書即票據行為之一種，但非基本行為，而係附屬行為。背書既僅係票據行為之一，因而乃具有以下(二)(三)兩點所述之特徵，藉與他種票據行為有所區別。

　　(二)**背書者乃以轉讓票據權利或其他之目的所為之票據行為也**　背書對於他種票據行為之第一特徵，係表現於其目的之上。申言之，他種票據行為，以創設票據權利為目的者有之（如發票），以負擔票據債務為目的者有之（如承兌），而背書則以轉讓票據權利為目的，故與他種票據行為有所不同，不過背書中亦有以其他（委任、設質）之目的，而為之者，但斯乃特例，究非通常之背書也。

　　(三)**背書者乃執票人對他人所為之票據行為也**　背書對於他種票據行為之第二特徵，係於其行為人上見之。申言之，背書係執票人之行為，而他種票據行為，則不然。此之所謂執票人，在背書關係言之則為背書人，包括受款人（第一次背書人）及其他執票人（第二次以下之背書人）而言。背書須執票人始有權（背書權）為之，雖背書人因背書目的（亦可謂為背書種類）之不同，而異其地位（在讓與背書為讓與人；在委任背書為委任人；在設質背書為出質人），但其背書均為執票人之所為則一。又背書須對於他人為之，故屬於有相對人之單獨行為❶。此他人稱為被背書人，被背書人亦因背書目的之不同，而異其地位，即在讓與背書為受讓人；在委任背書為受任人；在設質背書則為質權人是也。

二、背書之種類

　　(一)**轉讓背書與非轉讓背書**　背書以其目的（亦可謂以其作用）如何為標準，

---

❶　背書之法律性質，說者不一，有所謂 1.債權讓與說， 2.保證說， 3.所有權取得說， 4.債權的單獨行為及票據所有權移轉之物權的契約說等，本書則認為背書係一種有相對人的單獨行為，而非契約，背書既非契約，故只須由背書人簽名，而不必由被背書人簽名承諾，雖被背書人對於該票據之接受，亦須同意，如同意受讓，同意受任，同意設質，但斯乃屬於一種實質上之關係，與背書之效力，不生影響，惟背書雖非契約，然卻係有相對人之單獨行為，因之僅由背書人簽名，而未交付於相對人（被背書人）者，尚不生效力。故背書之成立，除「證券之記載」外，尚包括「證券之交付」在內。（票據經背書人簽名後，於未交付前，因被盜或遺失，而流通時，背書人對於善意取得人，雖須負背書之責任，但究屬於一種例外的現象）

首應分為：轉讓背書與非轉讓背書兩種，前者之目的係在轉讓票據之權利，通常之背書屬之。後者之目的並非在乎轉讓票據之權利，而係另有其他作用，其中以委任他人代為取款為目的者，是為委任取款背書，簡稱委任背書；以為債務之擔保而設定質權為目的者，是為設質背書，簡稱質背書，此兩者均非以轉讓票據權利為目的，故合稱非轉讓背書（或稱特種背書），以與轉讓背書相對立，至其區別之實益，當然於其效力上見之，詳容後述。

　　㈡**一般轉讓背書與特殊轉讓背書**　轉讓背書以有無特殊情形為標準，尚可分為一般轉讓背書與特殊轉讓背書兩種，一般轉讓背書依其記載方式之不同，可再分為完全背書與空白背書;而特殊轉讓背書乃指具有特殊情形之背書而言，所謂特殊情形，不外為被背書人（受讓人）之特殊，或背書時期之特殊而已，其中有回頭背書（限於以原票據債務人為被背書人，即被背書人特殊）與期後背書（到期日後所為之背書，即背書時期特殊）之分。以上各種背書區別之實益，當然亦於其效力上見之，除其詳容後述外，茲為期明瞭，列表如下：

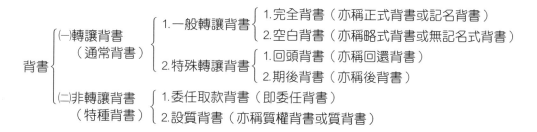

三、背書之特性

　　背書為票據行為之一種，則票據行為所有之特性，如①要式性，②抽象性，③文義性，④獨立性（實質的）等，亦均具備外，尚有兩種特性如下：

　　㈠**不可分性**　本法三六條上段規定：「就匯票金額之一部份所為之背書，或將匯票金額分別轉讓於數人之背書，不生效力」[20]。所謂就匯票金額之一部份

---

[20]　英票三二條二款：「背書必須為匯票全額之背書，部份背書，即其背書意旨係僅將匯票應付金額之一部份轉讓於被背書人或其意旨係將一張匯票各別轉讓兩個以上之被背書人，此類背書

所為之背書，例如匯票金額為十萬元，僅轉讓三萬元，而自己保留七萬元是。所謂將匯票金額分別轉讓於數人之背書，例如匯票金額十萬元，以三萬元轉讓與甲，以七萬元轉讓與乙是。此兩者學者稱為一部背書。一部背書不生效力，蓋背書之成立，不僅須於證券記載，且須將證券交付，而一張證券於交付時，既無法分割，則一部背書，自為法所不許，因而背書必須就匯票金額之全部為之，是為背書之不可分性。

　　㈡**單純性**　本法三六條下段規定：「背書附記條件者，其條件視為無記載」❷，是為背書之單純性，蓋無論停止條件或解除條件，均能使背書之效力，不即確定，對於票據之流通，殊多影響，故亦為法所不許。不過背書之單純性並不若上述不可分性之嚴格，即違反其不可分性，則背書無效，被背書人不能取得票據權利，而違反單純性則僅其所附記之條件，視為無記載（等於無條件）而已，對於背書之效力尚無影響，亦即被背書人仍可依該背書而取得權利也。

第二款　轉讓背書

第一項　總　說

一、轉讓背書之意義

　　轉讓背書者乃以轉讓票據權利為目的所為之背書也。轉讓背書為背書之一種，其特徵在乎以轉讓票據權利為目的。所謂票據權利，主要係指付款請求權及追索權兩者而言，此兩者均以背書一併轉讓。惟票據之權利何以須依背書而轉讓？而背書是否即為票據轉讓之唯一方法？亦即一切票據是否均須或均得依

　　即不能達成匯票之目的」。又一部背書依美商規定，不生證券上之效力，僅發生一般私法上之效力而已（第三節二〇二條三項）。

❷　英票三三條：「凡匯票之背書表示附有條件者，付款人得不受該條件的拘束。不論其條件已否履行，付款人向被背書人所為之付款應屬有效」。又附條件背書依美商第三節二〇五條規定，付款人雖不受此條件之拘束而為付款，但被背書人或其後之受讓人之權利卻須受此限制。

背書而轉讓？此等問題於下各段說明之。

二、票據之背書性

　　本法三〇條上段規定：「匯票依背書及交付而轉讓」。是為匯票之背書性。惟此之規定，不獨匯票適用，即本票與支票亦均準用（本法一二四、一四四條），易言之，各種票據均得依背書而轉讓，故應稱為票據之背書性，以資概括。按一般有價證券本分為無記名證券、指定證券與指名證券三種，票據亦然，所不同者一般有價證券中依背書而轉讓者，僅以指定證券（附有指定之文句者）為限，至指名證券（因未附有指定文句）則不得依背書而轉讓，仍須依民法上一般債權之讓與方法（民法二九七條）為之，但票據則不然，票據不僅指示式票據須依背書而轉讓，即記名式票據亦得依背書而轉讓，易言之，縱未附有指定文句之票據，法律上亦當然視為指定證券，而得依背書轉讓之（學者因稱票據為法定指定證券），斯即上述之背書性是也。至於無記名票據之轉讓，僅依交付為之即可，無須背書❷，此則與一般無記名有價證券並無不同。

　　票據權利本為一種債權，法律上何以不使適用民法上之一般債權之轉讓方法，而特使之依背書而轉讓？此蓋為助長票據之流通而然。申言之，依背書而轉讓，較一般債權之轉讓方法為簡便，即不必通知債務人亦可完全生效，而一般債權之轉讓則不然，非通知債務人，對於債務人不生效力（民法二九七條一項），此其一。依背書而轉讓，則後手不繼承前手之瑕疵，即票據債務人不得以自己與背書人（讓與人）間所存之抗辯事由，對抗被背書人（受讓人），而一般債權之轉讓則不然，債務人於受通知時，所得對抗讓與人之事由，皆得以之對抗受讓人（民法二九九條一項），此其二。依背書而轉讓除具有權利移轉效力外，尚具有權利證明效力（亦稱資格授與效力，本法三七條）及權利擔保效力

❷　英票八條一項：「凡匯票載明禁止轉讓文句或說明其不得轉讓之意圖者，在匯票各關係人之間具有效力，而不得流通轉讓」。美商第三節二〇二條一項：「稱流通者指以使受讓人成為執票人之方法，所為之證券之移轉而言。若證券為指示式者，須依背書及交付而流通；若為執票人式（按即無名式）者，則僅依交付而流通。」

（本法三九條）（均詳後述之），此其三。有此三點，足以使人樂於接受票據，而助長流通，此票據背書之所以尚也。

三、禁止背書之票據

匯票因有背書性之關係，故原則上均得依背書而轉讓，但亦有不得依背書而轉讓者，即禁止背書之匯票（學者稱為正面匯票）是也。所謂禁止背書，乃背書性之剝奪，即本法三〇條二項：「記名匯票發票人有禁止轉讓之記載者，不得轉讓」之規定是也。由此規定可知發票人得為禁止轉讓（背書）之記載（是為發票時任意記載事項之一），一有此項記載，則該匯票即成為一般之指名證券，不得依背書之方式為轉讓矣，易言之，於此種票據上雖為背書，亦不發生背書之效力。

其次此種禁止背書之記載方法，法律上並無規定，通常多於匯票上記載「此票不准背書」或「此票不准轉讓」等字樣即可，不過為區別此種記載究係何人所為（因此種記載，不獨發票人得為之，即背書人亦得為之，但其效力不同，詳後述之）起見，應由記載者簽名或蓋章為宜（財政部四八臺財錢第四七一〇號令，同此意見）。又此之記載，其方法雖無限制，但必須為積極的記載，而使禁止轉讓之意思臻於明瞭始可。若僅將票據上受款人下之「或其指定人」等字樣塗銷，則不能認為係禁止轉讓之記載，從而亦不發生禁止轉讓之效力（最高法院二二年上字第一八二號判例參照）。

至於發票人何取乎為此禁止背書之記載，其理由凡三：①發票人（如自己為付款人）可藉以保留對於受款人之抗辯權；②發票人可藉以防止票據追索時，追索金額之擴大；③發票人可藉以免去與受款人以外之人多生票據關係。

最後應注意者，尚有以下各點：①禁止背書之匯票，雖不得依背書而轉讓，但不妨依一般債權轉讓之方法為之，因而於此種匯票上所為之背書，雖不發生背書之效力，但不妨以之作為債權讓與意思表示之證明（日本大判大正十四年五月十三日刑集四卷三〇一頁參照）；②禁止背書之匯票不過禁止為轉讓之背書而已，至於委任取款背書，仍不妨為之，蓋此種背書，並無切斷抗辯權之問題

（本法四〇條四項）；③禁止背書之票據仍屬票據之一種，故票據法中除以背書為前提之部份外，其餘之規定（如付款之提示，公示催告等）仍均適用之。

四、背書以外之轉讓方法

　　票據原則上依背書而轉讓，但例外亦有不得依背書而轉讓者，已均如上述。此外尚有無須背書，亦可發生票據法上轉讓效力者，即：1.無記名票據（本法三〇條一項下段）及 2.空白背書之票據（本法三二條一項，詳後述之）是也，此二者均得僅依票據之交付而轉讓之，而無須乎背書（但當事人欲為背書時，自亦無妨，無記名票據雖經背書，亦不因之變為指示式），因而其轉讓手續，尤為簡便，對於票據流通性之加強，頗有助力。

　　其次票據權利之移轉，除依背書或交付等方法以為讓與外，尚可依繼承、公司合併以及參加付款、強制執行等情形而移轉，此等情形自無所謂背書，不過依此而取得票據權利之執票人，是否得更依背書而轉讓，亦即此等執票人有無背書權？說者不一，但通說則作肯定（伊澤孝平：手形法小切手法三五五頁），蓋得為背書之權利，並非僅由被背書人地位上所滋生，而係票據權利自體所具有之一種權能，倘已取得票據權利，則不問其取得原因如何，均得更為背書（本法八四條但書：「參加付款人不得以背書更為轉讓」之規定則為例外），不過此種背書，對於背書之連續問題，應如何解決，實值得研究耳，此當於該問題中述之。

第二項　一般轉讓背書

一、一般轉讓背書之款式

　　一般轉讓背書之款式，亦可分為應記載事項、得記載事項及不得記載事項三者，茲分述之：

　　㈠**應記載事項**　一般轉讓背書之應記載事項，因完全背書與空白背書而異，易言之，完全背書與空白背書在形式上之所由分，端於此應記載事項上見之，然則其應記載之事項如何？分述如下：

1.完全背書 完全背書亦稱正式背書或記名背書，其記載方法，依本法三一條一項、二項規定：「背書由背書人在匯票之背面或其黏單上為之。背書人記載被背書人並簽名於匯票者為記名背書」。依條文則完全背書稱「記名背書」亦妥❷。可知：

①記載之處所，限於票據之背面，不得在正面為之，以免與承兌、保證等記載相混淆，惟背書之次數，法無限制，而票據之本質貴乎流通，因而背書之次數遂不厭其多，然票據背面，地位有限，不無用盡之時，此時如再為背書，自可於黏單上為之，以濟其窮，本法施行細則第八條有：「票據得於背書或黏單上加印格式，以供背書人填寫，但背書非於票背已無背書地位時，不得在黏單上為之」之規定，以示注意。又背書亦得在謄本上為之（本法一一八條四項），詳容後述。

②記載之事項為，(A)被背書人；(B)得記載背書年月日（同條四項）；(C)背書人簽名，其樣式如下：

記名背書(一)

```
┌─────────────────────────────────────┐
│   票面金額讓與                       │
│  丙○○先生                           │
│                    九十二年七月十五日 │
│           乙○○簽名                  │
│   票面金額讓與                       │
│  丁○○先生                           │
│                    九十二年八月一日   │
│           丙○○簽名                  │
└─────────────────────────────────────┘
```

❷ 英票三二條一項：「凡以轉讓為目的之背書，必須依下列條件為之，1.必須書明於匯票上，並由背書人簽名，匯票上僅載有背書人簽名，而無其他文句者，亦足構成背書」美商第三節二○二條二項：「背書應於證券上或作為該證券之一部之黏單上，由執票人或為執票人記載之」，又二○四條規定記名式背書及空白背書之方式，大體與本法相同。唯背書不限於背面記載，則與本法不同。

記名背書㈡

被 背 書 人	背　　　書　　　人		年	月	日
	姓　　　名	蓋　章			
丙〇〇	乙〇〇	印	92	7	15
丁〇〇	丙〇〇	印	92	8	1

　　上列兩式，均為記名背書，應用時究採何式，得由背書人任意為之，惟㈠式中有「票面金額讓與」等字樣（學者稱此為背書文句），在㈡式中即可以不必記載，就格式之整齊劃一，便於審查背書之連續言之，以㈡式較優。

　　2.空白背書　空白背書亦稱略式背書或無記名背書，依本法三一條三項規定：「背書人不記載被背書人，僅簽名於匯票者為空白背書」❷，可知所謂空白背書者乃不記載被背書人，而僅由背書人簽名之謂（亦得記載背書之年月日，同條四項），其樣式如下：

---

❷　空白背書與空白票據不同，應予注意，所謂空白票據，乃將票據要件之全部或一部空白，留待日後補充，而先行簽名，使之流通之票據是也，此種票據屬於一種未完成之票據，多於票據金額或到期日未確定之情形下用之。空白票據由發票人先予簽名而發行者（空白發行）固多，但由發票人以外之人，先予簽名，作成空白票據，而留待發票人補簽者（如空白承兌，空白保證等），亦復不少。此種票據雖可流通，但行使權利時，必須將空白補填完備後始可。此種票據，美、英、日等國均予承認，我國六二年修正之票據法亦已承認，但不明顯，見本法一一條二項。

空白背書㈠

<table>
<tr><td>票面金額讓與
　先生</td><td></td></tr>
<tr><td></td><td>乙○○（簽名）</td></tr>
<tr><td>票面金額讓與
　先生</td><td></td></tr>
<tr><td></td><td>丙○○（簽名）</td></tr>
</table>

空白背書㈡

<table>
<tr><td>乙○
○印</td></tr>
<tr><td>丙○
○印</td></tr>
</table>

空白背書㈢

被 背 書 人	背　　書　　人		年　　　月　　　日
	姓　　　名	蓋　章	
	乙○○	印	
	丙○○	印	

　　上列㈠㈡㈢格式均為空白背書，背書人得任意採行其一，但以㈡式為最簡便，學者特以「簡略的空白背書」稱之。

　　空白背書與記名背書之不同處，除上述形式上之差異外，主要於票據之再轉讓時見之，即記名背書後之匯票，其執票人再轉讓時，必須再以背書為之，無論再為記名背書或為空白背書，固均無不可，但總不能不為背書，而僅依交付轉讓。至於空白背書後之匯票，則不然，其轉讓方法有下列四種：

①**僅依交付而轉讓**　本法三二條一項規定：「空白背書之匯票，得依匯票之交付轉讓之」，即執票人得不加一字，亦不簽名，而將該匯票交付與受讓人即可，其手續至為簡便，可見匯票一經空白背書，在再轉讓時，即與無記名式匯票等矣。此種匯票之轉讓，執票人（讓與人）既不簽名，自無須負背書人之責任（擔保承兌，擔保付款），法律上所以承認空白背書者，其實益在此。

②**再為空白背書而轉讓**　本法三二條二項中規定：「前項匯票亦得以空白背書……轉讓之」，可知空白背書匯票之執票人，其再轉讓之時，亦可再依空白背書為之，例如乙依空白背書將匯票轉讓於丙後，丙亦可僅簽名於匯票而為空白背書以轉讓之。

③**依記名背書而轉讓**　本法三二條二項中復規定：「前項匯票亦得以……記名背書轉讓之」，即空白背書匯票之執票人再轉讓時，得依記名背書為之。

④**變更為記名背書而轉讓**　本法三三條規定：「匯票之最後背書為空白背書者，執票人得於該空白內記載自己或他人為被背書人變更為記名背書，再為轉讓」，所謂匯票之最後背書為空白背書，可有兩種情形：

(A)匯票只經一次背書，而其背書為空白者，其樣式如下：

(B)匯票已經背書多次，而其最後之背書為空白背書者（其前之背書或均為記名背書，或雜有空白背書，固均非所問，但最後之背書必須為空白背書），其樣式如下：

被背書人	背 書 人		年	月	日
	姓 名	蓋 章			
丙〇〇	乙〇〇	印	92	7	15
丁〇〇	丙〇〇	印	92	8	1
	丁〇〇	印			

以上兩種匯票，其執票人再轉讓時，得依下列兩種方法之一為之：

①**於空白內記載自己為被背書人再為轉讓**　即將自己之姓名填入空白背書之被背書人欄內，使原空白背書變為記名背書再轉讓。惟原空白背書既變為記名背書，而執票人自己又為該記名背書之被背書人，因而轉讓時，尚須再為記名背書或空白背書，而不得僅依交付而轉讓，自不待言。

②**於空白內記載他人為被背書人再為轉讓**　即將他人（受讓人）之姓名，記入空白背書之被背書人欄內，使原空白背書變為記名背書，同時將該匯票逕交付於該他人即可完成轉讓手續，而執票人自己無須背書是。其自己既未為背書，自可不負背書人之責任，因而該票據實際上雖曾經其手，但因在形式上未為背書之故，則其自己卻可以不介入票據關係，此其實益也。

㈡**得記載事項**　得記載事項，即背書人任意記載，而記載後亦發生效力之事項（亦稱背書之偶素）是也。此等事項無論其背書為記名背書或空白背書均得為之，茲將此等事項，列舉如下：

1.**禁止轉讓之記載**　本法三〇條三項規定：「背書人於票上記載禁止轉讓者，仍得依背書而轉讓之。但禁止轉讓者，對於禁止後再由背書取得匯票之人，不負責任」[25]。可知背書人亦得於匯票上為禁止轉讓之記載（學者稱此為禁止

---

[25]　英票三五條：「㈠稱限制背書者，指禁止匯票再行轉讓之背書……㈡限制背書給予被背書人收

背書之背書或禁轉背書），但其效力卻與發票人所記載者並不相同。即發票人為此項記載時，該匯票即不得再依背書而轉讓（同條一項），而背書人為此項記載時，該匯票仍得依背書轉讓之。然則背書人之此項記載，究有何益？曰：可對於禁止後再依背書取得匯票之人不負責任是也，易言之，記載禁止轉讓之背書人除對於自己直接之後手，負責任外，對於由該後手再依背書取得匯票之人，可以拒絕其追索，以保留對於直接後手之抗辯權，此其實益也。

2.預備付款人之記載　本法三五條規定：「背書人得記載在付款地之一人為預備付款人」。預備付款人發票人亦得記載，前已言之，其意義，請參照前述，茲不贅敘。

3.免除擔保承兌之記載　依本法三九條準用二九條規定之結果，背書人可以為免除擔保承兌之記載，他國（日本手形法一五條，美國商業證券法第三節四一四條）立法例，有一併准許背書人為免除擔保付款之記載者（是為無擔保背書），本法對於免除擔保付款之記載，則不許之。

4.應請求承兌並指定其期限之記載　本法四四條一項中規定：「除見票即付之匯票外……背書人得在匯票上為應請求承兌之記載，並得指定其期限」。其詳後於承兌節中述之。

5.住所之記載　背書人得於匯票上記載自己之住所，以使執票人行使追索權前，向其發拒絕事由之通知。若不記載時，該項通知對於該背書人之前手為之（本法八九條四項參照），於是即等於免除拒絕事由通知，而與下述之記載發生同一效果矣。

6.免除拒絕事由通知之記載　背書人得免除執票人於追索前發拒絕事由通知之記載（本法九〇條），詳後述之。

取票款之權利，以及控告背書人所能控告之任何匯票關係人之權利，但除明示准許移轉者外，未給予被背書人以移轉其地位之權利」。美統一流通證券法三六、三七之規定大致同此。又美商第三節二〇五條亦有關於禁止轉讓背書之規定，依該規定此種記載並不剝奪證券之流通性，僅其後之取得人受此背書人權利之限制而已。

7.免作拒絕證書之記載　背書人得為免除作成拒絕證書之記載（發票人亦得為此項記載，但其效力不同，本法九四條），詳後述之。

8.背書年月日之記載　無論是記名背書或空白背書，背書人均得記載背書之年、月、日（本法三一條四項）。

㈢**不得記載事項**　不得記載之事項，如記載之，或致背書無效，或視為無記載，其事項本法有明文規定者如下：

1.一部背書　背書有不可分性，不得就匯票金額之一部為之；亦不得將匯票金額分別轉讓於數人（本法三六條上段），前已述明，因而背書人如為一部背書時，則其背書不生效力。

2.附條件背書　背書須單純，不可附記條件，若附記條件，其條件視為無記載（本法三六條下段）。

二、一般轉讓背書之效力

一般轉讓背書可發生：㈠權利移轉效力。㈡權利證明效力（即資格授與效力）。㈢權利擔保效力等三種效力。㈠㈢兩者為實質的效力，㈡則為形式的效力，此一效力係為保護交易之安全，藉以加強票據之流通性而設。茲將三種效力分述如下：

㈠**權利移轉效力**　背書成立後，則票據上之一切權利，悉由背書人移轉於被背書人，被背書人即因此而成為票據權利人。此種效力乃背書之基本的效力，自不待言，惟尚應說明者，有下列二點：

1.依背書而移轉權利與依一般方法移轉債權不同，即前者其被背書人原則上可取得優於背書人之權利（債務人之抗辯權因之而切斷）。而後者之受讓人原則上不能取得優於讓與人之權利。

2.依背書所移轉之權利，不僅票據上之付款請求權及追索權，均予移轉，即對於保證人之權利，亦當然隨同移轉，但其他之擔保，如質權，抵押權，或其他之從權利，如違約金請求權，則並不當然隨同移轉（此點與民法二九五條之規定不同），蓋此等權利，並非票據上之權利，乃實質關係上之權利，故不應

隨同票據行為（背書）而移轉也（有反對說）。

　　㈡**權利證明效力**　本法三七條一項本文規定：「執票人應以背書之連續，證明其權利」。可知執票人行使權利時，應以背書之連續，證明其為權利人，易言之，背書之連續乃權利人資格之證明，只要背書連續，執票人即勿庸另舉證明，即當然可以行使權利，而票據債務人亦當然應向其付款，亦勿庸另索證明，同時向其付款後，縱該執票人非為真正權利人者，只要其付款係出於善意，即可免責（票據所以稱為免責證券者以此）。反之，若對於背書不連續之匯票而付款者，付款人應自負其責（本法七一條一項），可見背書之連續與不連續頗關重要，茲將此問題，分下列各點述之：

　　1.**背書之連續**　背書之連續者，即票據之背書在形式上，除第一次之背書人為受款人外，第二次以下背書之背書人均為各該前一背書之被背書人，而遞次接銜，以至於最後之執票人，並無間斷之謂。圖示之如下：

背書之連續㈠

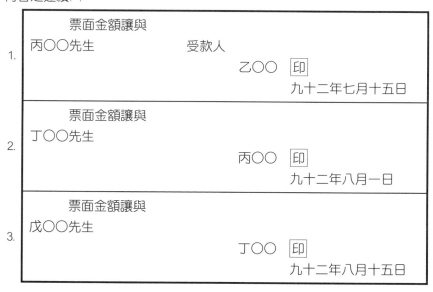

背書之連續(二)

被背書人	背書人		年	月	日
	姓　名	蓋章			
1. 丙○○	乙○○	印	92	7	15
2. 丁○○	丙○○	印	92	8	1
3. 戊○○	丁○○	印	92	8	15

以上兩圖所示之背書，均屬連續，第一次背書人為受款人乙，由乙遞丙，由丙遞丁，由丁遞戊（現執票人），一如運動會中之接力賽跑然，惟此之所謂連續，僅形式上連續為已足，實質上縱有無效之背書（如偽造），介於其間，亦無妨礙。背書之連續在形式上足以證明：執票人取得該票據，具有正當之來源，故法律上使之發生下列三點效果。

①依一般原則，行使權利須證明其為真正權利人始可。亦即非將其實質的有效的取得權利之事實，予以證明，則不能行使權利。而背書連續之執票人，則無須為此項證明，即當然可以行使權利。此即所謂背書之資格的授與效力是也。不過該執票人如確為無權利人，而債務人能予證明時，仍得拒絕其權利之行使，自不待言。

②依一般原則，債務人苟未對於真正權利人清償，即不能免責，但對於背書連續之執票人付款，縱該執票人非真正權利人，付款人亦可免責，此即所謂背書之免責力是也；不過付款人如有惡意或重大過失時，則不在此限（本法七一條二項）。

③依一般原則，讓與行為非實質的有效，則受讓人不能取得權利；但依連續之背書而取得票據之人，縱背書人為無權利人，而背書無效時，被背書人亦能取得票據之權利，此即所謂善意受讓是也。不過就背書之無效，有惡意或有重大過失時，則仍不能取得權利（本法一四條一項）。

2.背書之不連續　背書之不連續乃票據上之背書，在形式上欠缺銜接之謂，

圖示之如下：

背書之不連續㈠

1.	票面金額讓與 丙〇〇先生	受款人 乙〇〇 印		九十二年七月十五日
2.	票面金額讓與 丁〇〇先生	丙〇〇 印		九十二年八月一日
3.	（現執票人為子〇〇）			

背書之不連續㈡

	被 背 書 人	背　　書　　人		年	月	日
		姓　　　名	蓋　章			
1.	丙〇〇	乙〇〇	印	92	7	15
2.	丁〇〇	丙〇〇	印	92	8	1
3.	丑〇〇	子〇〇	印	92	8	15
4.	寅〇〇	丑〇〇	印	92	9	1
5.	卯〇〇	寅〇〇	印	92	9	15

　　以上兩圖，均為背書之不連續，但二者不同，申言之。在圖㈠，係僅就最後之執票人子為不連續，即該匯票現雖為子所執有，但在背書上觀之，被背書人丁並未以背書表示將該匯票讓與子，因而行使權利時，子即無法以背書之連續，證明其權利。至於圖㈡，係背書中間有欠缺連續者，即 2. 3. 兩次背書並不銜接，因而執票人卯於行使權利時，亦無法以背書之連續，證明其權利。

　　背書不連續，執票人即無法證明其權利，已如上述，然則無法證明其權利，究生何種效果？此點依舊說，則認為：「背書之連續，乃執票人行使權利之要件，背書斷絕時，斷絕後之執票人，不僅對於斷絕前之背書人或發票人不得行

使權利,即對於斷絕後之背書人亦不得行使權利,結果背書斷絕執票人即全未取得票據權利」(松本烝治:手形法二六六頁)。然新說,則認為:「背書之不連續,對於該不連續之部份,固不生資格授與效力,亦即不能僅基於該外形的事實,而行使權利,然亦止於此而已,若超此以上之效果(即絕對否認執票人行使權利,以至於推翻前後背書所有之資格授與效力),尚不應發生,因而就不連續之處所,執票人方面如能證明其實質之關係,仍不妨行使權利。蓋資格授與效力不過一般原則之一例外,倘無法具備時,則復歸於一般原則,又何不可」(鈴木竹雄:手形法小切手法二三八頁)。本法七一條一項規定:「付款人對於背書不連續之匯票而付款者,應自負其責」。可見對於背書不連續之匯票,並非絕對禁止付款,只是付款後,如該執票人確非真正權利人時,付款人縱屬善意,亦不得免責而已。易言之,對於背書連續之匯票,付款人固不必調查該執票人是否真正權利人,可逕行付款,但對於背書不連續之匯票,付款人應拒絕執票人之請求,除非該執票人能證明其為真正權利人時,則不得付款,否則應自負其責也(背書之不連續與承兌無關,因縱屬連續,亦可拒絕承兌)。

3.空白背書與背書之連續　本法三七條一項但書規定:「背書中有空白背書時,其次之背書人視為前空白背書之被背書人」。因數背書中,如夾有空白背書時,在外形上觀之,實為背書之不連續,背書不連續不免影響執票人權利之行使,然空白背書乃法所許可,故法律不能不設此擬制之規定,以為補充,否則一面認許空白背書,一面又認空白背書為背書之不連續,豈非自相矛盾耶。

4.塗銷背書與背書之連續　塗銷背書者乃將背書抹去之謂,塗銷背書之情形,本法有明文規定者如下:

①執票人故意之塗銷　本法三八條規定:「執票人故意塗銷背書者,其被塗銷之背書人及其被塗銷背書人名次之後,而於未塗銷以前為背書者,均免其責任」。依此可知執票人故意塗銷背書,可發生以下之效果:(A)被塗銷之背書人,免其責任。蓋背書人對於執票人本負有擔保承兌及擔保付款之責任,而執票人亦有處分票據權利之能力,故執票人對於背書故意塗銷時,應認係對於該被塗

銷之背書人為免除其責任之表示；(B)在被塗銷背書人名次之後，而於未塗銷以前為背書者，亦免除責任。蓋其前手之責任既被免除，若其後手未隨同免除，而執票人仍可向其行使追索權時，則該後手為清償後，自仍可向該被塗銷之背書人行使追索權，如此則執票人免除該塗銷背書人之責任一事，無異徒送一空頭人情，故法律上乃不得不使其後手亦隨同免除其責任，俾不致發生斯種結果；(C)名次在被塗銷背書人名次之前，或在塗銷之後為背書者，均不能免其責任，亦即仍均負背書人之責任，茲將上述各點圖示之如下：

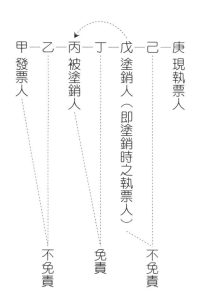

②**背書人清償時之塗銷**　本法一○○條三項規定：「背書人為清償時，得塗銷自己及其後手之背書」。可見背書人於追索時已為清償者，則可塗銷其自己及其後手之背書，以表示其票據債務之消滅，其詳後述之。

　　除上列①②兩點外，背書之塗銷尚可於下述兩種情形上見之：(A)匯票讓與前背書人時，若仍依背書之方法為之者（如乙→丙→丁→戊→丙），是謂回頭背書（本法三四條一項詳後述），然若不依背書之方法，而以塗銷背書之方法為之，即將再受讓匯票之前背書人丙及其以後之各背書塗銷（如後附之圖一）後，

而將票據返還於該背書人丙者，亦無不可。此種辦法，學者稱之為「消極的背書」（鈴木竹雄：手形法小切手法二六三頁）。(B)背書後，未將匯票交付於被背書人前，如改讓他人時，自亦可將該背書塗銷，而另為背書，如後附之圖二即是。

被背書人	背　書　人		年　　　　月　　　　日		
	姓　　名	蓋章	年	月	日
1. 丙〇〇	乙〇〇	印	92	8	23
2. 丁〇〇	丙〇〇	印	92	8	24
3. 戊〇〇	丁〇〇	印	92	8	25
（設戊將本匯票讓與前背書人丙，則不必背書，只將上列 2. 3. 兩項背書塗銷即可）					

圖一　消極的背書

被背書人	背　書　人		年　　　　月　　　　日		
	姓　　名	蓋章	年	月	日
丙〇〇	乙〇〇	印	92	7	15
戊〇〇印 丙〇〇		印	92	8	1
丁〇〇	丙〇〇	印	92	8	1

圖二　丙擬先讓與戊，已為背書，但後又改讓與丁，而將前背書塗銷

被背書人	背　書　人		年	月	日
	姓　名	蓋章			
丙〇〇	乙〇〇	印	92	7	15
丁〇〇 印 丙〇〇		印	92	8	1
戊〇〇	丁〇〇	印	92	8	15

圖三　丙之背書為戊所塗銷

以上所述乃有權利人所為之塗銷，若無權利人塗銷背書時，則可發生背書之變造問題，自不待言。

塗銷背書之種種情形已如上述，於此應討論者，即塗銷背書對於背書之連續上，究生如何之影響，亦即塗銷背書與背書連續究有何種關係是也。此則因該被塗銷之背書是否影響背書之連續，而異其效果：①不影響背書之連續者：依本法三七條二項規定：「塗銷之背書不影響背書之連續者，對於背書之連續，視為無記載」。如圖二是也。②影響背書之連續者：依同條三項規定：「塗銷之背書，影響背書之連續者，對於背書之連續，視為未塗銷」。如圖三是也。如此始能與三八條之規定相配合，乃民國六二年新修正之條文，較舊法為合理也。

5.票據之概括繼受與背書之連續　票據權利之取得，除依背書外，尚可因繼承、公司合併等事由而概括繼受，此種情形，該繼受人如再依背書而轉讓時，對於背書之連續，即不無問題，例如被背書人丙，其次之背書人為丙之繼承人丁時，則此種背書是否認為連續？依舊說，則認為該背書人丁，如於票據上表明繼承之事實時，即可例外的解為背書之連續，然依新說則認為在概括繼受，其票據權利之移轉，既係基於票據行為外之事實，背書人縱然為此種表明，亦不應依此而發生資格授與效力，從而此種情形即應否定該背書之連續，不過執票人如能就概括繼受之一實質關係舉出證明時，亦不妨行使權利。

6.背書之代理與背書之連續　背書為票據行為之一，自亦可代理，惟被背書人為乙，而其次背書人為乙之代理人丙時，則對於背書之連續有無影響？曰

此種情形，其代理權之有無，乃票據關係以外之事實，易言之，此乃該背書之效果，是否應歸於乙之問題，對於背書在形式上之連續，尚不應發生影響（鈴木竹雄：手形法小切手法二四〇頁）。

　　㈢**權利擔保效力**　依本法三九條準用二九條一項本文規定之結果：「背書人應照匯票文義擔保承兌及付款」。是為背書人之責任，亦為背書之權利擔保效力（此乃民法三五二條之例外）。此種效力不僅及於該背書人之直接後手（被背書人），即其他全體後手，亦均及之，因而執票人如不獲承兌或不獲付款時，於完成保全追索權之行為後，即可向該背書人追索，而該背書人即有償還之義務。

　　其次依本法三九條準用本法二九條但書規定之結果，關於擔保承兌之責任，得依特約免除，故免除擔保承兌之記載，亦為背書任意記載事項之一，惟背書時如有免除擔保付款之記載者，其記載無效（本法三九條準用二九條二項），由此觀之，匯票背書人之償還義務，與發票人相同。

　　外國立法例有所謂「無擔保背書」者，即背書人不僅可以為免除擔保承兌之記載，且可為免除擔保付款之記載。背書人因此可以全不負背書之責任，我票據法雖不承認此項背書之效力，但事實上票據受讓人可以要求其讓與人（背書人）以空白背書轉讓，然後其自己卻不加背書，而僅依交付再轉讓，如此亦可免負背書人之責任，而與無擔保背書可收同一之結果。

　　又我票據法雖不許背書責任之全部免除，卻許可加以限制，斯即以前所述之禁止背書之背書是也。此外有所謂期後背書者，雖亦不失為轉讓背書，但背書人卻可不負背書責任，詳於次項特殊轉讓背書中述之，斯亦與無擔保背書之效果相等。

第三項　特殊轉讓背書

一、回頭背書

　　㈠**回頭背書之意義**　回頭背書亦稱還原背書、回還背書或逆背書，乃以票據債務人為被背書人之背書，本法三四條一項規定：「匯票得讓與發票人、承兌

人、付款人或其他票據債務人。」此種讓與固不限於以背書之方法為之（此點與舊法不同），但畢竟以背書為之者為多。以背書為之者，即為回頭背書。此種背書之特點，除其效力與一般背書不同如下㈡所述外，乃於其被背書人上見之。申言之，一般背書係以票據債務人以外之人為被背書人，而此則以票據上已有姓名（或商號）之人為被背書人，亦即該票據再返還於原有票據債務人之手，故有回頭背書之稱焉。所謂原有票據債務人指發票人、承兌人及其他票據債務人（如背書人、保證人及參加承兌人）等而言。至付款人於未承兌前，因非票據債務人，但亦屬於一種票據關係人，且於票據上亦有其姓名（或商號）之記載，故以付款人為被背書人之背書，亦不失為一種回頭背書，學者特稱之廣義的回頭背書或準回頭背書，以示與以票據債務人為被背書人之回頭背書有所區別。他若以預備付款人或擔當付款人為被背書人之背書，亦屬於廣義的回頭背書之一種，因斯二者亦非當然的票據債務人也。

㈡**回頭背書之效力**　回頭背書亦為背書之一種，則背書所有之效力（權利移轉效力，權利證明效力，權利擔保效力），原則上亦均具備，自不待言。因而其被背書人仍可依背書而再轉讓，亦即其被背書人仍有背書權（再背書），而排除民法上混同原則之適用，惟回頭背書其被背書人之追索權有時受限制，故其擔保效力，每不完備。茲就此二點詳述之如下：

1.**再背書**　本法三四條二項規定：「前項受讓人於匯票到期日前，得再為轉讓」。此時若以背書為之，即為「再背書」。申言之，回頭背書之被背書人仍可依背書而將該票據轉讓於他人，而他人亦能完全的取得該票據上之一切權利，蓋回頭背書之被背書人（權利人），既為原有之票據債務人，則依混同之法理，該票據權利本應歸於消滅。但票據權利係以有價證券表彰者，其本質貴乎流通，因之與其使之依混同法理，而歸於消滅，何若使其於未到期前依舊流通，以發揮其效能。同時且可節省發行新票據之手續及費用（如印花稅）。一舉數得，故法律上乃例外地使其權利不歸消滅，而排除混同原則（民法三四四條本文）之適用，不過此僅限於未到期前，若於到期後，則不得為再背書，因斯時票據之

關係本應結束故也。

2.追索權之限制 回頭背書其票據權利雖不依混同之法理而消滅，但其執票人之追索權卻有時限制，其限制之情形如何，視執票人之為何人而異，茲列述之：

①**執票人為發票人時** 本法九九條一項規定：「執票人為發票人時，對其前手無追索權」。蓋發票人由回頭背書而成為執票人後，則自己之前手，若以發票人之立場言之，同時亦為自己之後手，因而發票人若以執票人之資格向其前手追索，則其前手自亦可以後手之資格，向其追索，如此循環追索，毫無意義，法律上乃明定對其前手無追索權。然亦止於此而已。至對於承兌人之付款請求權，仍不因之而喪失，自不待言。

②**執票人為背書人時** 本法九九條二項規定：「執票人為背書人時，對該背書之後手無追索權」，例如甲（發票人）→乙→丙（前背書人）→丁→戊→己→丙（現執票人），則丙（現執票人）對於丁、戊、己等，現在之前手（即原有之後手）無追索權，其理由亦在避免追索之循環也，但對於乙及甲則仍有追索權，又其付款請求權亦不因此而受影響，自不待言。

③**執票人為承兌人時** 匯票依背書讓與承兌人，即執票人為承兌人時，對於追索權所及之效力如何？法無規定，在解釋上承兌人無論對於何人，均無追索權，蓋承兌人為主債務人，應負付款之責，而追索權之行使係以承兌人不付款為條件，則承兌人焉有主張自己不付款，而得向他人行使追索權之理（任何人不得主張自己之不法而獲取利益，乃法律上之大原則），故執票人為承兌人時，無論對於何人，當無追索權之可言（仍得再背書而轉讓）。

④**執票人為保證人時** 執票人為保證人時其追索權若何？法無規定（注意：本法六四條所規定者，乃保證人清償債務後行使追索權之問題，與此所述者，不可混為一談），在解釋上除得向其被保證人行使權利一點外，餘則準於被保證人之地位，例如甲為發票人，丑為其保證人，該項匯票如以回頭背書轉讓與丑時，則丑除對於甲得行使追索權外（並得對於承兌人行使付款請求權），對於其

前手無追索權（此點與執票人為發票人時同，故謂準其地位）。又如子為承兌人，丑為其保證人，該項匯票如以回頭背書轉讓與丑時，則丑除得向子行使付款請求權外，對於任何人均無追索權（此點與執票人為承兌人時同，故謂準其地位），又如丙為背書人，丑為其保證人，若該匯票轉讓之情形如下圖時，

甲→乙→丙→丁→戊→己→丑（保證人現為被背書人）
             │
        丑（保證人）

則丑除得對於丙（被保證人）及其前手行使追索權外，對於丙之原有後手（丁、戊、己），均無追索權（此點與丙再為執票人時同，故謂準其地位），此外其他票據債務人之保證人為執票人時，亦均如是，茲不一一舉例。

　　⑤**執票人為參加承兌人時**　參加承兌人亦為票據債務人之一（本法五七條參照），當其為執票人時，對於追索權有何影響？法亦無規定，在解釋上除對於被參加人得行使權利之一點外，餘則準於被參加人之地位，與保證人為執票人時之情形同，其詳請比照前段所述，於此不贅。

　　⑥**執票人為付款人時**　此之所謂付款人指未經承兌之付款人而言，付款人於未經承兌前，不當然為票據債務人，因而匯票如以此人為被背書人者，亦非真正之回頭背書，僅為準回頭背書而已，此人既於票據上未負何等債務，故當其為執票人時，對於任何人均得行使追索權，自不待言，所應注意者，對於付款人所為之背書，與付款時依本法七四條所為收訖文句之記載，易於混為一談，適用時不可不辨，其詳後述之。

　　⑦**執票人為擔當付款人時**　擔當付款人非為票據債務人，故以擔當付款人為被背書人之背書，亦為準回頭背書，因而其追索權在解釋上並無何等限制。

　　⑧**執票人為預備付款人時**　預備付款人為第二付款人，在未為參加承兌前，亦非當然之票據債務人，故以其為被背書人所為之背書，亦屬於準回頭背書，因而其追索權亦無何等限制。

二、期後背書

(一)**期後背書之意義**　期後背書亦稱後背書,乃匯票到期日後所為之背書也。此種背書或為記名背書,或為空白背書,均無不可,亦即單就款式一點觀之,與一般之轉讓背書並無差異,所不同者,厥為背書之時期而已。申言之,此種背書乃到期日後所為者。即該背書之日期在到期日之後之謂,然若背書未記明日期者,推定其作成於到期日前(本法四一條二項)❷⁶。

(二)**期後背書之效力**　期後背書與一般轉讓背書之不同處,除於背書之時期上見之,已如上述外,主要乃在乎其效力之差異。依本法四一條一項規定:「到期日後之背書,僅有通常債權轉讓之效力」。此可分下列三點言之:

1.權利之移轉效力　期後背書亦具有權利移轉效力,不過所移轉者僅為該票據之債權而已,與依民法上一般債權讓與方法所為之讓與效力相同,人的抗辯並不因之而被切斷,票據債務人所有可以對抗背書人之事由,皆可以之對抗執票人。又票據法所定之善意受讓,於此亦不適用。

2.權利之證明效力　權利之證明效力,此種背書亦應具有,即執票人僅憑背書之連續,即可以行使其權利,不必為實質的關係之證明。

3.權利之擔保效力　依上開條文末段規定,背書人不負票據上之責任,可知此種背書不生權利之擔保效力。

由於上述,可見此種背書之效力較為薄弱,而執票人之地位頗欠鞏固,其所以如此者,蓋到期日,如尚未付款,則應即步入追索之階段,其流通性亦因之而喪失,因而為助長票據流通,所設之一般轉讓背書之效力,再無繼續維持之必要,故法律乃規定其僅有通常債權之讓與效力,背書人不必負票據上之責任也。

---

❷⁶　作成拒絕承兌證書後所為之背書如何?票據法無何規定,日學者伊澤孝平:手形法小切手法三九五頁有:「作成拒絕承兌證書後之背書,亦應具有期後背書之性質,蓋斯種票據,對於追索之開始,於票面上既已分明,則其信用之程度,已與作成拒絕付款證書無異矣,不過此僅指承兌拒絕之情形而言,至其他得於期前追索之原因,例如承兌人或付款人受破產宣告,因該破產宣告之事實,於票面上無從查知,故對於此等票據所為之背書,仍不構成期後背書」等語可資參考。

第三款　非轉讓背書

一、委任取款背書

㈠**委任取款背書之意義**　委任取款背書簡稱「委任背書」，乃執票人以委任取款之目的所為之背書也，故亦稱代理背書。蓋此種背書之目的，在乎僅予被背書人以代理權，而非在轉讓該票據之權利故也。

㈡**委任取款背書之款式**　本法四〇條一項規定:「執票人以委任取款之目的而為背書時，應於匯票上記載之」。至於如何記載，則無規定，依日內瓦統一票據法第一八條一項規定，凡記載「因收款」(Value in Collection)、「因領取」(for Collection)、「因代理」(by procuration) 或其他與此相同意義之文句，皆可發生委任取款背書之效力，本書認為在我國票據，如須為此種背書時，不妨如下圖記載之：

委任取款背書㈠

委任取款背書㈡

以上係記名委任取款背書之圖式，然委任背書既為背書之一種，則背書人自不妨僅簽名於票背，而為空白背書。惟斯時既未記明委任取款之旨，則背書人對於善意受讓人，應負一般轉讓背書之責任，自不待言。

㈢**委任取款背書之效力**　關於委任取款背書之效力問題，可分下列三項述

之：

1.代理權授與效力 委任取款背書之目的並非在乎移轉票據之權利，故不發生權利移轉之效力，而僅發生代理權授與之效力。易言之，該票據之權利仍屬背書人所有，被背書人不過取得代理行使該權利之資格而已，以此遂發生下列兩問題：

①被背書人之權利 被背書人所得行使之權利僅為代理權，此代理權係「包括的代理權」，本法四〇條二項規定：「前項被背書人得行使匯票上一切權利，並得以同一目的更為背書」。可知依本項上段規定被背書人不僅可行使票據之付款請求權，且可以行使追索權，不僅可於審判外行使，且可於審判上行使。具體言之，被背書人得為付款之提示，付款時得予受領，不獲付款時得作成拒絕付款證書，而向發票人等前手追索，必要時且可提起訴訟。

其次依本項下段規定，被背書人並有「背書權」，不過其背書只能以同一之目的（委任取款）為之，亦即只能為原背書人選任復代理人而已（有採取代理權讓與說者），並不得為轉讓背書或設質背書也，此種再委任之背書，其被背書人，依本法四〇條三項規定：「其次之被背書人所得行使之權利，與第一次被背書人同」。又委任取款背書之被背書人既只能以同一目的更為背書，則其所為之背書，縱未記明委任取款之旨，亦不能認為轉讓背書，當然認為委任取款背書，自不待言。

②票據債務人之抗辯 委任取款背書後，該票據之權利既未移轉於被背書人（受任人）而仍為背書人（委任人）所有，則於被背書人行使票據上之權利時，票據債務人所提出之抗辯，自與轉讓背書有所不同，此依本法四〇條四項規定：「票據債務人對於受任人所提出之抗辯，以得對抗委任人者為限」。例如委任人（背書人）為乙，受任人（被背書人）為丙，承兌人為子，而丙向子請求付款時，子不得以丙本人前此欠己之貨款，主張與票款相抵銷，因票款並非丙之所有也。但卻能以乙前此之欠款與票款相抵銷，因乙始為票款之權利人也。可見此點恰與移轉背書之抗辯相反，蓋上例如在**轉讓背書**，則子僅得以丙欠己

114

之款，主張抵銷（本法一三條），而不能以乙欠己之款，對丙抵銷也。

　　依上述，可知此種背書之目的既在委任取款，而不在移轉票據權利，同時不生切斷票據債務人對於背書人之抗辯權之效力，因而縱屬禁止背書之匯票，亦不妨為委任取款背書也。

　　2.權利證明效力　委任取款背書實質上雖不生權利移轉效力，但卻生代理權授與效力，已如上述。因而於形式上即發生權利證明效力。詳言之，即委任取款背書只要形式上有效（背書連續），則無論實質有效與否，執票人均當然被認為有代理權，因而縱不為代理權之證明，亦當然得行使權利，而票據債務人對於執票人清償時，以無惡意或重大過失為限，亦當然免責。同時委任取款背書匯票之權利人雖仍為背書人，但因其已不占有票據，故不得行使權利，然而一旦將票據收回，即當然可以行使權利，縱未將委任取款背書塗銷，亦無妨礙。

　　3.權利擔保效力　委任取款背書匯票之權利人仍為背書人，而非被背書人，故不發生權利擔保效力，亦即背書人對於被背書人不負擔保責任。

二、設質背書

　　㈠**設質背書之意義**　設質背書亦稱質權背書或質入背書，簡稱質背書，乃執票人以於票據權利上設定質權為目的所為之背書也。此種背書僅能使被背書人取得質權，並非移轉該票據權利，故與轉讓背書不同，與委任取款背書亦異。此種背書我票據法無規定❷⁷（日內瓦統一票據法及日本手形法一九條均有明定），我民法設有規定（民法九〇八、九〇九條），解釋上自得適用之。惟依本法一二條規定：「票據上記載本法所不規定之事項者，不發生票據上之效力」。質背書本法既未規定，嚴格言之，自不發生票據上之效力，而僅有民法上之效

----

❷⁷　有信託背書者，我票據法上亦無規定。所謂信託背書乃形式上為轉讓背書，而實質上則係以其他目的所為之背書是也。此種背書以其目的之不同，又分二種：1.以委任取款為目的者，謂之隱存的委任取款背書，2.以設定質權為目的者，謂之隱存的設質背書。此外尚有以保證為目的而為背書者，是乃隱存的票據保證之一種。上述各背書無論何者其實質關係既存於票據之外，因而其背書人對於票據之善意取得人均應負轉讓背書之責任，自不待言。

力，但此種背書在商業習慣上，數見不尟，故本法仍以明文規定為宜。

　　㈡**設質背書之款式**　設質背書本法既無規定，則如何記載，自乏依據，日內瓦統一票據法一九條規定，凡記明「因擔保」(Value in security)，「因質入」(Value in pledge)，或其他設定質權之文句，均可發生設質背書之效力，本書認為在我國如欲為此項背書時，不妨如下圖記載之：

設質背書㈠

```
　　票面金額設定質權與
丙○○先生
　　　　　　受款人　　　　　　　九十二年○月○日
　　　　　　乙○○　[印]
```

設質背書㈡

```
　　票面金額因設定質權祈支付與
丙○○先生
　　　　　　受款人　　　　　　　　年　月　日
　　　　　　乙○○　[印]
```

　　以上兩式，均可發生設質背書之效力。又設質背書不限記名背書，即空白背書亦無不可，不過背書人如僅簽名於匯票，而未記明設質之文句時，對於善意取得人應負轉讓背書之責任，自不待言。

　　其次應注意者，設質背書限於記名式匯票或指示式匯票始有用，若以無記名匯票為質權標的物者，則僅因交付其證券於質權人，即生設定質權之效力，固無須乎背書也（民法九○八條）。

　　㈢**設質背書之效力**　設質背書之效力，亦可分為下列三項言之：

　　1.**質權設定效力**　設質背書發生質權設定效力，此在被背書人方面，則取得質權是也。被背書人取得質權究發生何種作用？曰：被背書人（質權人）有收取該項入質匯票金額之權利，此項權利之行使，縱該匯票所擔保之債權尚未屆清償期時，被背書人亦得為付款之提示，而票據債務人亦僅得向其付款（民

116

法九〇九條），詳請參照拙著民法物權，茲不贅述。

　　被背書人（質權人）既有收取匯票金額之權利，因而自與委任取款背書之被背書人同樣得為付款之提示，得作成拒絕證書，亦得行使追索權，所不同者，在委任取款背書被背書人係代理他人（背書人）收取票款，而設質背書之被背書人則為自己利益而收取票款，並非背書人（出質人）之代理人，因而票據債務人即不得以對抗背書人之事由，對抗善意之被背書人（日內瓦統一票據法一九條二項參照），此點與轉讓背書之抗辯情形相同，而與委任取款背書之抗辯情形相異。

　　其次設質背書之被背書人是否具有背書權？依日內瓦統一票據法第一九條一項但書之規定，其所為之背書，僅發生委任取款背書之效力，而不發生轉讓背書或設質（轉質）背書之效力，不過被擔保之債權如已屆清償期，債務人仍不履行其債務，而入質之票據尚未屆到期日者，則被背書人（質權人）自不妨以背書將票據轉讓他人，以實行其質權；又被背書人雖不得為轉質之背書，但不妨依民法（八九一、九〇一條）之規定，而為轉質，惟斯時並不發生抗辯切斷等依背書方法所特有之效力而已。

　　2. 權利證明效力　被背書人應以設質背書證明其權利，而債務人向其清償者，亦當然免責。

　　3. 權利擔保效力　設質背書其背書人有無擔保責任，即此種背書有無權利擔保效力？現有否定（伊澤孝平：手形法小切手法三八七頁）與肯定（鈴木竹雄：手形法小切手法二七五頁）兩說，本書則贊同後說。

第四節　承　兌

第一款　總　說

一、承兌之意義

　　承兌者匯票付款人表示承諾支付委託之一種附屬的票據行為也，茲依此析

述其意義如下：

(一)**承兌者一種附屬的票據行為也** 票據行為有基本的行為與附屬的行為之分，承兌乃附屬的票據行為，以發票行為之存在為前提，承兌雖為附屬的票據行為，但附屬的票據行為不止一種，然則在諸種附屬的票據行為中，承兌之特徵何在？下列(二)(三)兩點所述者即是。

(二)**承兌者匯票付款人之票據行為也** 承兌之第一特徵，於行為人上見之，蓋發票乃發票人之行為，背書乃背書人之行為，而承兌則為付款人之行為，以此與其他票據行為遂有所區別。其次承兌雖為付款人之行為，但此之所謂付款人係以匯票之付款人為限，因本票與支票無承兌制度也。惟承兌雖為匯票特有之制度，但並非一切匯票均須承兌，其無須承兌之匯票，亦有之，此可分下列三點敘述：

1.得請求承兌之匯票 匯票之請求承兌，原則上為執票人之權利，非其義務，故一般之匯票，請求承兌與否，執票人有其自由，觀諸本法四二條有「執票人得向付款人為承兌之提示」等語，即可知之，因而一般匯票，得請求承兌，亦得不請求承兌，所謂一般匯票乃指除去下列兩種匯票而言。具體言之，得請求承兌者即定日付款之匯票及發票日後定期付款之匯票，且未經記載「應請求承兌」者是也。

2.應請求承兌之匯票 應請求承兌之匯票，則非請求承兌不可（此時提示承兌乃成為權利行使之前提，或保全之要件，而為執票人之義務矣），有以下兩種：①有應請求承兌記載之匯票②見票後定期付款之匯票是也（均詳後述）。

3.無須請求承兌之匯票 見票即付之匯票，即無須請求承兌（本法四四條一項但書參照）。

(三)**承兌者乃表示承諾支付委託之票據行為也** 承兌之第二特徵，於其目的上見之。申言之，承兌之目的在乎表示承諾支付之委託，以負擔票據債務。故匯票發票人對於付款人雖已為無條件支付之委託，但付款人卻不因之而當然成為票據債務人，必須經其表示承諾（此之承諾乃接受之意，與契約成立要件之

承諾不同，因承兌並非契約，而係單獨行為也）支付委託後，始成為匯票之主債務人。故匯票一經承兌，則付款人即變為承兌人，而負其應負之責任（後述），至承兌之原因如何，在所不問。

二、承兌之種類

（一）**正式承兌與略式承兌** 承兌以承兌之方式為區別標準，可分為正式承兌（本法四三條一項）與略式承兌（同條二項）兩種，此兩者在方式上固有不同，但在效力上尚無差異，其詳後述之。

（二）**單純承兌與不單純承兌** 承兌以承兌時，係完全承諾支付委託，抑有所限制，為區別標準，可分為單純承兌與不單純承兌兩種，前者係照票載之文義，完全予以承兌，後者係將票據文義變更或加以限制而後承兌，其中有就匯票金額一部分為之者（本法四七條一項），謂之一部承兌；有附加條件而為之者（同條二項），謂之附條件承兌。承兌以單純承兌為原則，至不單純承兌，或須經執票人之同意，或法律上另定其效果，其詳後當專款述之。

第二款　承兌之程序

一、提　示

（一）**提示之意義** 提示乃承兌之前提，所謂提示乃執票人現實的出示票據，以行使或保全票據權利之行為是也。與民法上之請求相當，所不同者民法上之請求，依口頭或書面為之，均無不可，而提示則必須現實的出示票據，否則不生提示之效力，提示之效力為何？就積極方面言之，則為權利之行使，就消極方面言之，則為權利之保全（提示可以中斷付款請求權之時效，亦可以保全追索權），提示主要有①承兌之提示（本法四二條），②付款之提示（本法六九條一項）兩種，以下所述者，以承兌之提示為限。

（二）**提示人及受提示人** 提示人為執票人，受提示人為付款人（本法四二條）。

（三）**提示期間** 提示期間因匯票之性質而有不同，茲分述之如下：

1.得請求承兌匯票之提示期間 本法四二條規定：「執票人於匯票到期日前，得向付款人為承兌之提示。」即一般匯票自發票日以後，到期日前，無論何時均得為承兌之提示是。其所以限於到期日前為之者，因承兌原為到期日前確保票據信用之方法，若已屆到期日則逕為付款之提示可矣，何須多此一舉也。一般匯票原則上雖得於到期日前隨時為承兌之提示，但本法四四條二項規定：「發票人得為於一定日期前，禁止請求承兌之記載」是為承兌之消極限制，亦稱承兌提示之禁令，蓋發票人或於一定日期前未能與付款人取得連絡，執票人如提示承兌，則勢遭拒絕，有損票據之信用，故法律許發票人斟酌情形為此項之記載。有此項記載之匯票，執票人即不得於該日期前請求承兌，否則雖遭拒絕，亦不得因此而行使追索權。

2.應請求承兌匯票之提示期間 匯票有應請求承兌者二，已見前述。茲就斯二者之提示期間分述如下：

㈠有應請求承兌記載之匯票 本法四四條一項規定：「除見票即付之匯票外，發票人或背書人得在匯票上為應請求承兌之記載，並得指定其期限」。可知除見票即付之匯票外（此種匯票無須承兌，故予除外），其他之匯票，發票人或背書人，均得為應請求承兌之記載，並得指定其期限，是為承兌之積極限制，亦稱承兌提示之命令，蓋匯票之已否承兌與發票人或背書人之責任至有關係，故法律許其於發票或背書時，命執票人必須請求承兌或須於一定期限內請求承兌，以便早日知曉其情形，而有所準備。有此種限制之匯票，其提示期間如下：

①僅記載應請求承兌，並未指定其期限者 有此種記載之匯票其提示期間亦為到期日前，與前 1.所述者相同，所不同者在 1.之情形，執票人請求承兌與否，有其自由，如欲請求承兌，則須於到期日前為提示，而此則必須請求承兌，只以未經指定承兌期限，故仍解為於到期日前為之即可。

②既記載應請求承兌，並指定其期限者 有此種記載之匯票，執票人不惟必須為承兌提示，且須於其所定之期限內為之始可，否則對原為記載之人，喪失追索權（本法一〇四條二項）。

於此應注意者，應請求承兌之期限，雖發票人與背書人均得指定，但發票人尚可為於一定日期前禁止請求承兌之記載，已如前述，因而依本法四四條三項規定：「背書人所定應請求承兌之期限，不得在發票人所定禁止期限之內」，以示限制，否則背書人與發票人所記載者發生衝突時，執票人將無所適從。至於背書人能否為於一定日期前禁止請求承兌之記載？法無明文，在解釋上背書人不得為之，蓋背書人與發票人不同，發票人關於承兌問題須與付款人有所聯絡（如資金之提供，或為承兌之預約），而背書人則無此必要也。

　　㈡見票後定期付款之匯票　見票後定期付款之匯票須經見票，始能確定其到期日，故必須為承兌之提示，其提示期間，本法四五條一項規定：「見票後定期付款之匯票，應自發票日起六個月內為承兌之提示」。是為此種匯票之法定承兌提示期限，執票人如違背此項期限者，對於前手喪失追索權（本法一〇四條一項）。

　　上述六個月之期限，並非絕對不可變更，依本法四五條二項本文規定，「前項期限發票人得以特約縮短或延長之。」縮短至何種程度，法無限制，延長則依同項但書之規定：「延長之期限不得逾六個月」。此種經發票人以特約縮短或延長之期限，是為約定承兌提示期限，應載明於匯票（本法施行細則一四條），執票人倘有違反，對於發票人喪失追索權（本法一〇四條二項）。

二、承　兌

　　㈠承兌人　承兌由付款人為之，承兌後付款人即變為承兌人，而為匯票之主債務人矣。

　　㈡承兌之時期　於執票人為承兌之提示時，付款人應即決定承兌，或拒絕承兌，是為原則；然本法四八條規定：「付款人於執票人請求承兌時，得請其延期為之，但以三日為限。」是為例外，此三日之期間，學者以承兌之考慮期間稱之；蓋執票人請求承兌時，付款人因發票人事先尚無聯繫，既不敢貿然承兌，又不便截然拒絕者，往往有之。斯時若必堅持須即時承兌，否則即屬拒絕，使付款人毫無考慮之餘暇，不惟逼人太甚，抑且易於破壞票據信用，對於各當事

人均非有利。故本法乃特准付款人得請求延期承兌，以便從容考慮，不過法律關係究應從速決定，不宜久懸，因而乃又明定其延期以三日為限，以保護執票人之利益。

　　㈢**承兌之意思表示**　承兌時承兌人須於票據上為承兌之意思表示。此意思表示不但須依一定款式為之，且須記載於一定之處所（詳見下款），故承兌為要式行為。

　　㈣**票據之交還**　承兌時既須於票據上為承兌之記載，因而付款人自不能不暫時占有票據，但於記載完了後，應即將票據交還於執票人，於是承兌之程序始告完成，而承兌之效力乃完全發生。故付款人雖已為承兌之記載，但未將票據交還於執票人前，仍得任意塗銷其承兌，蓋斯時承兌尚未生效故也。

第三款　承兌之款式

一、應記載之事項

　　㈠**絕對必要記載事項**　承兌時之絕對必要記載事項，因承兌係正式承兌抑略式承兌，而不相同，分述之如下[28]：

　　1.正式承兌　本法四三條一項規定：「承兌應在匯票上正面記載承兌字樣，由付款人簽名」，是為正式承兌。其記載限於匯票之正面，不得於票背、謄本或黏單上為之，其記載之事項為：

　　①**承兌字樣**　所謂承兌字樣，不限於「承兌」二字，凡足以表示承兌之意義者，如「照兌」、「兌」、「兌付」等，均無不可。

　　②**付款人簽名**　付款人簽名為負責之表示，以蓋章代之亦可。

---

[28]　英票一七條：「㈠稱匯票之承兌者，乃指付款人同意發票人支付命令之表示，㈡承兌除合於下列條件外，應屬無效，1.必須書寫於匯票上並經付款人簽名，僅具付款人之簽名，而無其他文句者，亦足以構成承兌，2.付款人不得於匯票上表示以給付金錢以外之方法，實踐其承諾」。美商第三節四一〇條一項：「承兌乃因匯票之提示而由付款人以付款之旨簽名，所為之約定。此必須於匯票上記載之。僅由彼簽名亦可，而於其交付、或通知完成時發生效力」。

2.略式承兌 本法四三條二項規定：「付款人僅在票面簽名者，視為承兌」是為略式承兌。此種承兌，付款人僅在票面簽名足矣，無須為承兌字樣之記載，以期簡化。惟僅一簽名，別無記載，是否為承兌，易起糾紛，故本條乃明定「視為承兌」，即不論付款人簽名時之意思如何，概使之發生承兌之效力，以杜爭端，而鞏固票據之信用。

㈡**相對必要記載事項** 本法四六條一項規定：「見票後定期付款之匯票，或指定請求承兌期限之匯票，應由付款人在承兌時記載其日期」。在一般匯票之承兌，對於承兌日期之記載雖非必要，但在見票後定期付款之匯票，或指定請求承兌期限之匯票，則非記載不可，否則在前者即無見票日，無見票日即無從起算其到期日；在後者即無從證明執票人之請求承兌是否業已遵照指定期限，故本條乃明定此兩種匯票於承兌時，須記載承兌日期。

承兌日期既須記載，然而萬一付款人漏未記載時則如何？依本法四六條二項規定：「承兌日期未經記載時，承兌仍屬有效；但執票人得請求作成拒絕證書，證明承兌日期，未作成拒絕證書者，以前條所許或發票人指定之承兌期限之末日為承兌日」，以濟其窮。申言之，①在見票後定期付款之匯票，若未記載承兌日期時，得以拒絕證書證明，若未作成拒絕證書者，則以本法四五條所定之自發票日起六個月之承兌期限之末日（發票人以特約縮短或延長時，則以該縮短或延長期限之末日）為承兌日，②在指定請求承兌期限之匯票，亦得以拒絕證書證明，若未作成拒絕證書者，則以發票人所指定之承兌期限之末日為承兌日，至其實際之承兌日期如何，則非所問。

二、得記載之事項

㈠**擔當付款人** 本法四九條規定：「付款人於承兌時，得指定擔當付款人。發票人已指定擔當付款人者，付款人於承兌時，得塗銷或變更之」。蓋匯票之付款人既不若支票之限於金融業者，故法律乃許付款人指定擔當付款人（通常多指定銀行）。又發票人指定者不適當時，付款人得塗銷或變更之，以謀便利。

㈡**付款處所** 本法五〇條規定：「付款人於承兌時，得於匯票上記載付款地

之付款處所」。按付款處所發票人本得記載（本法二七條），於此付款人亦得記載，且付款人對於付款處所之記載，不以發票人未經記載為前提，縱發票人已為記載時，付款人如有絕對必要，仍不妨重複記載之。

第四款　承兌之效力

承兌之效力，主要為承兌人之責任問題，依本法五二條一項規定：「付款人於承兌後，應負付款之責」。即付款人一經承兌，即變為匯票之第一債務人，於票據權利罹於消滅時效以前，負絕對的付款責任，縱未自發票人受有資金者，亦不能免責。

付款，既為承兌人之絕對的責任，若屆期不付款時則如何？本法五二條二項規定：「承兌人到期不付款者，執票人雖係原發票人，亦得就第九十七條及第九十八條所定之金額，直接請求支付」。按九七條所定之金額乃第一次追索時執票人所得要求之金額，而九八條所定之金額乃第二次以下追索時，已為清償之人所得要求之金額，此種金額均較匯票金額加多，不但一般之執票人得向承兌人請求，即發票人為執票人時，亦得直接向其請求。不過發票人如未提供匯票資金時，承兌人亦得對之為抗辯，而不待言。

以上乃法律上對於承兌人不付款時之制裁，所以如此者，期鞏固匯票人之信用，以保護執票人，而助長票據之流通也。

第五款　不單純承兌[29]

一、一部承兌

一部承兌者，乃付款人僅就匯票金額之一部分所為之承兌是也，依本法四

---

[29] 英票一九條：「㈠承兌得為單純承兌與不單純承兌，㈡不單純承兌乃指：1.附條件承兌者，即承兌人憑匯票所載條件之履行為付款，2.部分承兌者，即承兌人僅承諾支付匯票所開金額之一部份，3.指定付款地承兌者，即承兌人僅承諾於特定地點付款。除承兌文義明示該項匯票僅得於該特定地點付款而不得於他處付款者外，指明於特定地點付款之承兌，仍屬單純承兌，

七條一項本文規定：「付款人於承兌時經執票人之同意，得就匯票金額之一部分為之」。可見一部承兌在法律上亦有效力，惟須經執票人之同意耳。

其次執票人同意一部承兌後，尚應辦理兩種手續：①依本法四七條一項但書規定：「執票人應將其事由通知其前手」，俾有所準備。②執票人對於未獲承兌之一部分，應作成拒絕證書證明之（本法八六條一項），以便期前追索。

二、附條件承兌

附條件承兌者付款人於承兌時附加條件之承兌是也。有附停止條件者，例如：「於到期日前收到資金，則於到期日付款」是，有附解除條件者，例如：「到期日後一個月內不請求付款者，則承兌失效」是。此種附條件承兌之效力如何？本法四七條二項規定：「承兌附條件者，視為承兌之拒絕，但承兌人仍依所附條件負其責任」，即在執票人方面言，得視為承兌之拒絕，而於到期日前行使追索權，亦得依該所附之條件，行使付款請求權，二者任擇其一；但在承兌人方面言，則仍應依所附條件負其責任，上例如停止條件成就時，承兌人仍應付款；上例解除條件如不成就時，則承兌人亦應付款是也。易言之，附條件之承兌，執票人固可視為承兌之拒絕，而進行追索；但承兌人卻不得主張為承兌之拒絕，而不負責也。

第六款　承兌之塗銷

承兌為一種意思表示，意思表示非具有法定原因（錯誤，被詐欺、脅迫），則不得撤銷，但於發生效力前，卻可撤回，承兌亦然，承兌之撤回只能利用塗銷之方法為之，故承兌之塗銷云者即承兌生效前，將其承兌之表示塗銷，以撤回其承兌之謂也。本法五一條規定：「付款人雖在匯票上簽名承兌，未將匯票交

4.變更到期日承兌者，5.多數付款人中一人或數人之承兌而非全體承兌者。」第四四條：「㈠匯票執票人得拒絕不單純承兌，匯票執票人未能獲得單純承兌時，得視其匯票因不獲承兌而未能兌現而處理之，㈡凡業經接受不單純承兌，而發票人或背書人並未明示或默示許可者，則發票人或背書人得解除其對匯票之義務」。

還執票人以前，仍得撤銷其承兌，但已向執票人或匯票簽名人以書面通知承兌者，不在此限」（文中「撤銷」二字似係撤回或塗銷之誤，參照日本手形法二九條，海牙統一票據規則二八條），蓋承兌以交還匯票於執票人為生效要件，未交還前，承兌尚無效力之可言，故法律允許承兌人任意塗銷以撤回其承兌。惟票據雖未交還，但已向執票人或匯票簽名人（如發票人、背書人）以書面通知承兌者，則其承兌之意思表示業已到達於相對人或關係人，而發生效力，與匯票之交還無殊，故此情形，亦不得再塗銷其承兌也。

第五節　參加承兌

第一款　總　說

一、參加承兌之意義

參加承兌者為特定票據債務人之利益，由第三人加入票據關係，以阻止期前追索之一種附屬的票據行為也[30]。析述之可得下列三點：

(一)**參加承兌者一種附屬的票據行為也**　參加承兌須於票據上為意思表示並簽名，故為一種票據行為；此種票據行為以基本的票據行為形式上有效存在為前提，故為附屬的票據行為。

(二)**參加承兌者阻止期前追索之附屬的票據行為也**　參加承兌之作用，在乎阻止執票人之期前追索，故須於執票人得於到期日前行使追索權時為之（本法五三條）。至何種情形執票人始得於到期日前行使追索權？第一、須具備法定原因，第二、須完成法定手續。前者即本法八五條二項所定者是，後者即本法八六條及八七條一項所定者是也，其詳均容於追索權節中述之，茲不先贅。

(三)**參加承兌者為特定票據債務人之利益由第三人加入票據關係之附屬的票**

[30]　參加承兌為參加之一種（另一為參加付款），參加制度，實際上甚少有人利用，雖英票第六五條以下亦設有此制度，稱為「榮譽承兌及付款」(Acceptance and payment for Honour)，但美國商業證券法已廢止此項制度矣。

據行為也 執票人既得於到期日前行使追索權，則凡票據債務人如發票人、背書人、保證人等，均在被追索之列。追索，在執票人固屬不便，在被追索者尤屬不利，蓋須遭受名譽與金錢之雙重損失也。因而法律上遂設有參加承兌制度，使於此時得由第三人（參加人）為特定票據債務人（被參加人）之利益，加入票據關係，承擔票據債務，俾執票人增多一層保障，而不必於到期日前行使追索權，以濟其窮。故參加承兌者乃第三人加入票據關係之附屬的票據行為也。

二、參加承兌與承兌之比較

參加承兌之本質如何，學者間見解不一，舊說則認係承兌之一種，即一種特別的承兌是（我票據法將參加承兌規定於承兌之次，似亦認係一種承兌）。新說則認係一種獨特的票據行為，與承兌並不相同。學說上所以如此分岐者，因參加承兌與承兌二者，有同有異。著眼其同，則謂為承兌之一種，著眼其異，則謂為與承兌為截然兩事，茲將其異同比較如下：

(一)參加承兌與承兌之同點

1.參加承兌與承兌兩者，均係匯票之特有制度。

2.參加承兌與承兌兩者，均係以負擔票據上債務為目的之附屬的票據行為。

3.參加承兌與承兌兩者，均須記載於匯票之正面。

4.參加承兌與承兌兩者，均須於匯票到期日前為之。

(二)參加承兌與承兌之異點

1.參加承兌之作用，在乎阻止追索權之期前行使（本法五六條一項），而承兌之作用，則在乎確定付款之責任（本法五二條一項）。

2.參加承兌人乃匯票之第二債務人，僅於付款人或擔當付款人不付款時，始負付款（參加付款）之責（本法五七條），而承兌人則為票據之第一債務人，負絕對的付款責任。

3.參加承兌人之責任既為第二次的，故得因執票人之保全手續欠缺而消滅（如執票人不於法定期限內為付款之提示，或不於法定期限內作成拒絕證書，則對於參加承兌人喪失其請求付款之權利是），而承兌人之責任既為絕對的，故

除消滅時效外，不因執票人之保全手續欠缺而消滅。

4.參加承兌人付款（參加付款）時，僅票據關係一部消滅（被參加人之後手免除責任），票據上之權利仍不因此而全部消滅，亦即參加承兌人付款（參加付款）後，對於承兌人，被參加人及其前手，仍取得執票人之權利（本法八四條一項參照）。而承兌人付款後，則票據權利全歸消滅，縱發票人未提供資金者，該承兌人亦只能依據民法之規定，向其求償，不能根據票據關係有所請求也。

第二款　參加承兌之程序

㈠**參加承兌之時期**　參加承兌人須於執票人得於到期日前行使追索權時為之。何種情形，執票人得於到期日前行使追索權？依本法八五條二項規定為：①匯票不獲承兌時，②付款人或承兌人死亡逃避或其他原因無從為承兌或付款提示時，③付款人或承兌人受破產宣告時。有此三種情形之一者，雖在到期日前執票人亦得行使追索權，則參加承兌即應於此時期為之（由此可知參加承兌不以未經承兌為限）。所應注意者參加承兌係在阻止執票人行使追索權，因而若雖具有上列之情形，但執票人之追索權業已喪失（例如應作成拒絕承兌證書，而逾期未作成，則追索權喪失）時，即不必為參加承兌矣。

㈡**參加人**　參加人以票據債務人以外之人為限（本法五三條二項參照），已負擔票據債務之人，不得再參加承兌。票據債務人以外之人，於參加承兌時，尚因其人資格之不同，而異其程序，此可分下列兩點述之：

1.**預備付款人**　本法五三條一項規定：「執票人於到期日前，得行使追索權時，匯票上指定有預備付款人者，得請求其為參加承兌」。蓋預備付款人雖為票據債務人以外之人，卻專為參加承兌或參加付款而設，而執票人亦得請求其為參加承兌（梅仲協先生：商事法要義二一七頁認為「得請求其為參加承兌」之「得」字，應改為「應」字，方足以符預備付款人指定之初意）。

2.**其他票據債務人以外之第三人**　本法五三條二項規定：「除預備付款人與

票據債務人外，不問何人經執票人之同意，得以票據債務人中之一人為被參加人而為參加承兌」。即除票據債務人不得為參加承兌，預備付款人當然得為參加承兌外，其他第三人為參加承兌時，須經執票人同意始可。所以如此者，因匯票一經參加承兌，則執票人即不得於期前追索，倘該第三人為無信用之輩，與票據債務人串通一氣，出而參加，藉以拖延時日，結果仍不盡責，實未免有害於執票人之利益，故法律上不能不予執票人以同意權，俾有所選擇也。

㈢**被參加人**　參加承兌有如保證，保證有被保證人，參加承兌亦有被參加人。否則參加承兌人為付款後，應向何人請求償還，其範圍無法確定也。前述所謂為特定票據債務人之利益者，即指此而言。至何人得為被參加人？則凡屬票據債務人均可。但於票據上曾記明免除擔保承兌之責者（本法二九條一項但書、三九條），本不負因拒絕承兌而被追索之義務，因而追索權之期前行使，若係由於拒絕承兌者，則不得以此種票據債務人為被參加人，自不待言。

㈣**參加承兌之記載**　參加承兌應於匯票上記載之，其款式詳見下述。

第三款　參加承兌之款式

本法五四條一項規定：「參加承兌應在匯票正面記載左列各款，由參加承兌人簽名」，可知參加承兌與承兌同樣須記載於匯票之正面，不得於背面、黏單或謄本上記載，記載後應由參加承兌人簽名，以示負責，此則各種票據行為均須如是。至參加承兌之記載事項如下：

㈠**參加承兌之意旨**　即表明參加承兌之意思，令人一望即知其為參加承兌，以免與他項票據行為相混淆，在承兌本可僅簽名於匯票，而為略式承兌，但在參加承兌則不可，易言之參加承兌必須記明參加承兌之意旨也。

㈡**被參加人之姓名**　何人為被參加人，應予記明，如未記載時，依本條二項規定：「未記載被參加人者，視為為發票人參加承兌」。蓋發票人為最後之償還義務人，為發票人參加承兌，最能使多數票據債務人受其利益也。又本條三項規定：「預備付款人為參加承兌時，以指定預備付款人之人為被參加人」，乃

事屬當然也。

㈢**年、月、日**　為參加承兌之年、月、日，亦應記載，俾藉以確定該項票據行為生效之時期，及行為人當時有否行為能力。

以上係參加承兌時應記載之事項，其中㈠㈢兩項為絕對必要記載事項，而㈡則為相對必要記載事項，至參加承兌是否得就被參加人應償還金額之一部為之？法無規定，在解釋上應不認許（本法五六條二項及八一條參照），蓋參加承兌屬一種變態式制度，若再許為一部之參加承兌，則法律關係愈趨複雜矣[31]。

第四款　參加承兌之效力

參加承兌，發生如何之效力？可分下列三方面言之：

㈠**及於參加人之效力**　參加承兌對於參加人發生兩種義務，如下：

1.通知義務　本法五五條一項規定：「參加人非受被參加人之委託而為參加者，應於參加後四日內，將參加事由通知被參加人」。蓋參加承兌受被參加人之委託而為之者有之，非受被參加人之委託而為之者亦有之，其受託而為之者，在被參加人已知悉其情形，自無須參加人再事通知；然非受被參加人之委託而為之者，則參加人自應於參加後四日內，將參加事由通知被參加人，此項通知，對於被參加人具有下列之作用：①被參加人可於期前償還（詳下述），並向其前手追索；②被參加人得為對於參加人償還之必要準備；③被參加人若為發票人，而發票人業已向付款人提供資金時，可及早向付款人追還；如尚未提供資金時，

---

[31] 按一部參加承兌在英國票據法六五條二項有明文認許，日手形法無規定，其學者之解釋，多否認之，在我票據法上似亦採否定之解釋為宜。其次票據有關之行為，許一部為之者有三，不許一部為之者亦有三，茲表列如下：

㈠得一部為之者 ⎧ 1.承　　兌（本法四七條）
　　　　　　　　⎨ 2.保　　證（本法六三條）
　　　　　　　　⎩ 3.付　　款（本法七三條）

㈡不得一部為之者 ⎧ 1.背　　書（本法三六條）
　　　　　　　　　⎨ 2.參加承兌（本法無規定，解釋上如此）
　　　　　　　　　⎩ 3.參加付款（本法八一條）

可不必再行提供。

　　此項通知既有上述之作用，故本法五五條二項乃明定：「參加人怠於為前項通知，因而發生損害時，應負賠償之責」。至賠償金額若干？本條無限制，但日內瓦統一票據法及日本手形法五五條均規定，賠償金額以不超過匯票金額為限，可資參考。

　　2.償還責任　本法五七條規定：「付款人或擔當付款人不於第六十九條及第七十條所定期限內付款時，參加承兌人應負支付第九十七條所定金額之責」。此乃參加承兌之積極效力，即付款人或擔當付款人，經執票人為付款之提示，不於到期日或其後二日為付款，或付款經執票人之同意延期，而不於所延期限內為付款時，參加承兌人應負支付匯票金額、利息及作成拒絕證書及其他必要費用之責任。此責任為第二次的責任，亦即償還責任，參加承兌人既負有償還責任，故本法七九條一項上段乃規定：「付款人或擔當付款人不於第六十九條及第七十條所定期限內付款者，有參加承兌人時，執票人應向參加承兌人為付款之提示」。俾參加承兌人出而參加付款，以盡其責任。

　　㈡**及於執票人之效力**　本法五六條一項規定：「執票人允許參加承兌後，不得於到期日前行使追索權」。此乃參加承兌之消極的效力，由此可知參加承兌有阻止追索權期前行使之作用。日本手形法五六條規定，執票人允許參加承兌者，於到期日前對於被參加人及其後手喪失其追索權，本法無此限制，似對於被參加人之前手，亦不得期前追索。

　　㈢**及於被參加人及其前手後手之效力**　本法五六條二項規定：「被參加人及其前手仍得於參加承兌後，向執票人支付第九十七條所定金額，請其交出匯票及拒絕證書」。蓋匯票經參加承兌後，雖因執票人之不得期前追索，而被參加人及其前手獲得暫不被追索之利益，但將來付款人或擔當付款人不付款，而由參加承兌人參加付款時，則被參加人及其前手仍須對之償還。茲為避免將來償還，致金額擴大起見，本條乃明認其有期前償還之權。

　　至於被參加人之後手，於匯票有參加承兌後，不僅免受期前追索，即將來

參加承兌人為參加付款後，亦得免除其債務（本法八四條二項），因而無期前償還之必要，故法律亦未規定其有償還權，惟將來參加承兌人如未付款時，則被參加人之後手仍不能免其義務，自不待言。

第六節　保　證

第一款　總　說

一、保證之意義

保證（此處所謂保證，指匯票之保證而言，但本票亦有保證，而支票則無）乃票據債務人以外之人，為擔保票據債務之履行，所為之一種附屬的票據行為也。析述之如下[32]：

㈠**保證者一種附屬的票據行為也**　票據保證以被保證債務在形式上有效存在為前提，故為附屬的票據行為，此種行為因保證人之簽名及為合法之記載而生效力，故為單獨行為及要式行為。

㈡**保證者乃為擔保票據債務之履行所為之附屬的票據行為也**　保證之目的在乎擔保票據債務之履行，所謂票據債務，不惟承兌人之付款債務，即發票人背書人等之償還債務，亦均包括在內，故此等債務皆得為保證之對象。

㈢**保證者乃票據債務人以外之人所為之附屬的票據行為也**　保證人之資格，限於票據債務人以外之人，已於票據上負擔債務之人，不得再為保證人（本法五八條二項），故保證乃票據債務人以外之人所為之附屬的票據行為也。

二、保證之種類

㈠**全部保證與一部保證**　全部保證者，就匯票金額之全部所為之保證也；一部保證者，就匯票金額之一部所為之保證也。本法六三條規定：「保證得就匯票金額之一部分為之」，是則明定一部保證亦有效力。於此情形保證人之責任，

---

[32] 英票據法上並未設有保證制度，美商業證券法第三節第四一六條設有保證人之契約，但與我票據法上之保證不同。

以所擔保之金額為限，自不待言。

㈡**單獨保證與共同保證**　單獨保證即保證人只有一人所為之保證，一般之保證多屬之；共同保證乃二人以上保證人所為之保證也。本法六二條明定：「二人以上為保證時，均應連帶負責」。

此外尚有所謂隱存的保證者乃不於票據上記明保證字樣，而依發票、背書、承兌或參加承兌等方法，以達成保證目的之保證也。例如甲發票據，以丙為債權人，而不將票據直接交付丙，先以乙為受款人，使乙以背書轉讓於丙，此際乙因背書而負擔保承兌及付款之責任，結果與保證無異。蓋票據保證雖在增加票據之信用，然卻能暴露票據之不信用，我國習慣向重體面，凡自己發行或承兌之票據，自認為信用確實，多不肯使他人批明保證字樣於其上，於是對方需要保證時，只有以此種無形的保證方法出之，此種保證乃信託保證之一。又依發票或背書而擔保票據以外之債務之保證，亦為信託保證。至對於票據債務，依票據行為外之方法為保證者亦有之，此種保證既未於票據上有所表示，不發生票據保證之效力（僅有民法上保證之效力），自不待言。

三、票據保證與民法上保證之比較

票據保證與民法上保證雖同為人的擔保，但其效力，多有不同，亦即票據保證具有較強的效力，對於債權人（執票人）頗為有利，茲將斯二者加以比較如下：

㈠**同點**　票據保證與民法上保證之同點，有如下列：

1.民法上保證為從行為，票據保證亦為從行為。

2.民法上保證為無償行為，票據保證亦為無償行為。

3.民法上保證主債務消滅後，保證債務亦歸消滅，票據保證亦然。

㈡**異點**　票據保證與民法上保證之異點，有如下列：

1.民法上保證為不要式行為，而票據保證則為要式行為（本法五九條）。

2.民法上保證係契約（民法七三九條），而票據保證則係單獨行為（本法第五九條）。

3.民法上保證原則上只有從屬性，而無獨立性（但民法七四三條所定者為例外）；而票據保證則獨立性大於從屬性（本法六○條、六一條二項，詳後述之）。

4.民法上保證，保證人有先訴抗辯權（民法七四五條）；而票據保證之保證人則無此項權利（本法六一條一項）。

5.民法上保證，保證人清償後有求償權及代位權（民法七四九條），而票據保證，保證人清償後則有追索權（本法六四條），前者之消滅時效依民法一二五條之規定；後者之消滅時效則依本法二二條之規定。

6.民法上保證，共同保證人得約定不負連帶責任（民法七四八條），而票據保證，共同保證人必負連帶責任（本法六二條）。

第二款　保證之程序

票據保證須經過何種程序，始能成立？此問題可分下列各點言之：

㈠**得為保證之時期**　本法五八條一項僅規定：「匯票之債務得由保證人保證之」。至得為保證之時期如何，則無規定，在解釋上不獨於到期日前得隨時為之，即於到期日後或拒絕證書作成後，甚至於消滅時效完成後，亦得為之。

㈡**保證人**　本法五八條二項規定：「前項保證人除票據債務人外不問何人均得為之。」即保證人只要為票據債務人以外之人，即得為之。其資格別無限制，無論自然人或法人均可，所應注意者，自然人之無行為能力人，作保無效；而法人之公司，原則上亦不能作保，如為票據保證，自亦無效（公司法一六條，大法官會議第五九號解釋）。

㈢**被保證人**　被保證人當然限於票據債務人如承兌人、發票人、背書人、及參加承兌人等均得在被保證之列。

㈣**保證之記載**　票據保證須依法定款式，於法定處所記載，始生效力，詳下述之。

第三款　保證之款式

本法五九條規定：「保證應在匯票或其謄本上，記載左列各款，由保證人簽名」，可知保證記載之處所，範圍較寬，既得在匯票上為之，而又無正、背面之限制，同時又得在謄本上為之，至於黏單上是否得為保證，雖無規定，但保證既得為背書人保證，而背書又得在黏單上為之，則保證亦得在黏單上為之，自不待言。其次保證須由保證人簽名，並須記載下列事項：

㈠**保證之意旨**　即須表明保證之意思，通常記明「保證人」字樣即可。此項所以必須記載者，便與其他票據行為有所區別也。

㈡**被保證人姓名**　被保證人為主債務人，其姓名自應記載，若未記載時，依本法六〇條規定：「保證未載明被保證人者，視為為承兌人保證，其未經承兌者，視為為發票人保證；但得推知其為何人保證者，不在此限」。即未記載被保證人姓名時，首應審查是否可以推知其為何人保證（例如保證人簽名於發票人之旁，自得推知為發票人保證；如以黏單貼於某背書人之下，而簽名於該黏單之上，則可推知為某背書人保證），如無法推知其為何人保證時，則法律上對於被保證人設有補充規定：

1.已經承兌者，視為為承兌人保證。所以如此者，因承兌人為匯票之主債務人，為承兌人保證，無異增多一主債務人（保證人與被保證人負同一責任，詳下述），對於執票人至為有利，同時此種保證人如代為付款者，則其他票據上簽名之人，均可因之而免其責任，對於其他票據債務人亦有利，一舉兩得，故法律乃有如是規定也。

2.未經承兌者，視為為發票人保證。所以如此者，因發票人係前手之極端，如保證人代發票人償還時，亦可能免除最多數人之債務故也。

㈢**年、月、日**　保證之年、月、日，應予記載，若未記載時，依本法五九條二項規定：「保證未載明年、月、日者，以發票年、月、日為年、月、日。」

第四款　保證之效力

一、保證人之責任

(一)**票據保證人責任之從屬性**　本法六一條一項規定:「保證人與被保證人負同一責任」。所謂同一責任，具有下列兩種意義:

1.保證人之債務與被保證人之債務在種類上及數量上應完全相同。就種類言之，例如為承兌人保證者，應負付款責任;為發票人或背書人保證者，應負擔保承兌及擔保付款責任是。就數量言之，被保證人之債務為若干元，則保證人債務自亦為若干元，但為一部保證者，則保證債務自以所保證之部份為限，而不待言。凡此乃票據保證之從屬性也。

2.保證人之債務與被保證人之債務在性質上亦完全相同，此與民法上之保證，大異其趣，在民法上之保證，保證債務本為第二次的債務，保證人於債權人未就主債務人之財產強制執行而無效果前，對於債權人得拒絕清償（民法七四五條），是為保證人之先訴抗辯權。由此可知保證人之責任，與被保證人之責任，在次序上有先後之分，但在票據保證則不然，票據保證，保證人與被保證人既負同一責任，則屆期執票人得逕向保證人請求或追索，縱未先向被保證人請求或追索，亦無妨礙，易言之，票據保證人不得享有先訴抗辯權，蓋票據保證於從屬性外，尚有獨立性故也，圖示之如下:

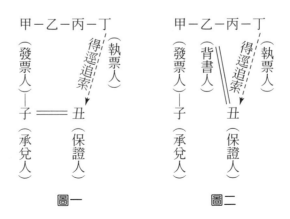

圖一　　　　　圖二

　　㈡**票據保證人責任之獨立性**　票據保證人責任於從屬性之外，尚有獨立性，乃票據行為獨立原則之一表現，本法六一條二項本文規定：「被保證人之債務縱為無效，保證人仍負擔其義務」。即被保證人之債務，縱因無行為能力或簽名偽造而實質上歸於無效時，保證人仍不能免除票據上之責任，此點與民法上之保證亦大異其趣，在民法上之保證債務，以主債務之存在為前提，若主債務無效，原則上保證債務亦當然無效，而此則不然。蓋票據行為注重形式，實質上之事由，往往不易查知，故為保護交易之安全，乃不得不反乎民法上之原則也。

　　票據保證既注重形式，故同條同項但書乃規定：「被保證人之債務因方式之欠缺而為無效者，不在此限」。例如為發票人保證，而發票人並未簽名或蓋章時，則發票人債務即因方式之欠缺而無效，此際保證人之債務亦歸無效是。

　　其次依本法六二條規定：「二人以上為保證時，均應連帶負責」。即在共同保證，保證人應就被保證之債務，各負全部責任是。此點與民法上之共同保證亦不相同，依民法七四八條規定：「數人保證同一債務者，除契約另有訂定外，應連帶負保證責任」。即民法上之共同保證，其連帶責任，可依契約而免除，而票據保證，則不得如是。

二、保證人之權利

　　本法六四條規定：「保證人清償債務後，得行使執票人對承兌人、被保證人及其前手之追索權」，保證人所得行使者乃執票人對承兌人、被保證人及其前手之追索權，至被保證人之後手，則因保證人之清償，而免除其債務，故對於此等人無追索權之可言。保證人所得行使之追索權，乃基於法定而移轉者，與民法（三一二、七四九條）上代位權之性質相同，所異者依票據之特質，被保證人或其前手，不得以對抗執票人之事由，對抗保證人耳（梅仲協先生：商事法要義二二二頁）。

　　其次保證人雖於票據上取得執票人之追索權，但其與被保證人間，基於一般私法上關係所應有之求償權，並不因此而喪失，自不待言。

　　又本法僅規定行使執票人之追索權，至執票人對於承兌人之付款請求權，

是否亦得行使？法無明文，在解釋上應作肯定。

第七節　到期日

一、到期日之意義[33]

　　到期日乃匯票上所記載之應為付款之時期也。與民法上之「清償期」相當，到期日須有「確定性」。既須確定，故到期日必須於匯票上記載，若未記載時，則法律上視為見票即付（本法二四條二項），以濟其窮，惟所謂確定者，並不以記載確定之日期為限，即可得而確定者，亦無不可（詳後述）。

　　其次到期日之作用有三：①執票人應於到期日或其後二日內為付款之提示（本法六九條），否則除具有本法一〇五條所定之情形外，對其前手喪失追索權（本法一〇四條一項）。②票據權利之消滅時效，自到期日起進行（本法二二條一項）。③到期日前，原則上不得付款（本法七二條）。

二、到期日之種類

　　本法六五條一項規定：「匯票之到期日，應依左列各式之一定之」。即到期日因其記載方式之不同，可分為下列四種：

　　㈠**定日付款**　即記載確定日期為到期日者是也，如記明「中華民國九十二年八月十一日付」，即其適例。此種匯票俗稱板期匯票，一般之匯票多如此記載，期簡明也。不過其記載方法，不必過於拘泥，如記載「民國九十二年雙十節付」，亦無不可，但如記載「民國九十二年八月十一日至十月十日付」，則不為適法，蓋到期日並非期間也。至於到期日與發票日為同一日者亦無妨礙。而指定距發票日後若干年後之某日為到期日者，固無不可，然若記載發票日以前

---

[33]　關於到期日之立法例，各國不同，日、法、及日內瓦統一票據法，皆設有專章，英、美則無專章專節，而散見於各條，英國有恩惠日 (days of grace) 或稱寬限日，即其第一四條規定：「凡非見票即付之匯票，其到期日如下決定：一、凡匯票上未另有其他規定者，在每一事件得於匯票所定到期日後再加三日。此三日謂之恩惠日，匯票即得以恩惠日之最後一日為到期付款日。……」是也，我票據法未設此制度。

之日為到期日，則票據無效否？學說判例上，尚有爭執，請參照高窪喜八郎等編「學說判例總覽手形法小切手法」第五六〇頁。

　　㈡**發票日後定期付款**　即自發票日後經過一定之期間，而為付款者是也，如記載「祈於發票日後一個月付」，即其適例。此種匯票俗稱計期匯票，蓋其到期日並非如板期匯票之一望而知，而必須加以計算（計算方法詳後述），始能明瞭也。此種到期日雖須加以計算，但於發票時即已確定，不待另有其他事實為之確定，故實際上與上述之定日付款，並無不同。

　　㈢**見票即付**　即於執票人提示時，付款人應即付款者是也。此種匯票俗稱為即期匯票，蓋以提示日為到期日，一經提示，即屬到期故也。此種匯票固須記載「見票即付」字樣，然法律上對於未記載任何到期日字樣之匯票，即視為見票即付（本法二四條二項），故發票人欲發行見票即付之匯票時，不記載到期日即可。

　　其次依本法六六條一項規定：「見票即付之匯票，以提示日為到期日」，即執票人何時提示即何時到期，一日不提示，即一日不到期，然如執票人任意延宕而永不提示時，則不惟償還義務人，永不能免除其擔保責任，而不勝其苦，即發票人提供於付款人之票據資金，亦難期永久保全，因而本法六六條二項乃規定：「第四十五條之規定，於前項提示準用之」，以示限制。準用之結果，即見票即付之匯票，應自發票日起六個月內為付款之提示，是為見票即付匯票之法定提示期限。此項期限，發票人得以特約縮短或延長之；但延長之期限，不得逾六個月，是為約定之提示期限。執票人違背前者對於一切前手喪失追索權（本法一〇四條一項），違背後者對於該約定之前手喪失追索權（本法一〇四條二項）。

　　執票人不於提示期內為提示，即喪失追索權，已如上述，但對於付款請求權則如何？按此種匯票既未承兌，故無論於提示期間經過前後，付款人均不負付款責任，因而於提示期日經過後為提示時，付款人如欲付款，執票人固可受領，如不付款，執票人亦無法以訴強制其付款也。

㈣見票後定期付款　即自見票日後經過一定之期日而付款者是也。如「憑票祈於見票後三個月付」或「憑票祈於承兌後二十日付」等皆其適例，至所謂「見票」指承兌時之見票而言。因而此種匯票不惟必須承兌，且須於一定期間內為承兌（本法四五條），尤應於承兌時註明承兌日期，以便依該日計算到期日（詳下述），故俗稱註期匯票，所應注意者，所謂見票後定期付款之「定期」二字，乃指一定之期間而言，亦即該定期二字係屬名詞，萬不可將該「定」字解為動詞，因而遂竟誤認為見票後定期付款云者，乃由承兌人於承兌等指定到期日之意。蓋此之「定期」，係發票人於發票時已為記載，僅其起算點，繫於見票日而已，並非由承兌人指定之也。

此外特應注意者，民國六二年之修正票據法，認為匯票亦可分期付款（修正前認為無效），蓋近年來，我國工商業日趨發達，分期付款之買賣，日見普遍，而此項付款，如以分期付款之票據為之，則便利莫甚，因而乃採取美國法例，准予分期付款。於六五條二項明定：「分期付款之匯票，其中任何一期，到期不獲付款時，未到期部分，視為全部到期。」是謂提前到期，與民法三八九條所定之期限利益喪失條款（亦稱加速條款 acceleration clause）之趣旨相同，以保護執票人。但前項視為到期之匯票金額中所含未到期之利息，於清償時，則應扣減之（同條三項），以免執票人獲有不當之利益。又利息經約定於匯票到期日前分期付款者，任何一期利息到期不獲付款時，全部匯票金額，視為均已到期（同條四項），其用意亦在保護執票人。

其次依本法六五條三項規定應扣減之利息，其有約定利率者，依約定利率扣減；未約定利率者，依法定利率扣減（本法施行細則九條）。又分期付款票據，受款人於逐次受領票款及利息時，應分別給予收據，並於票據上記明領取票款之期別、金額及日期（同細則一〇條）。以期明確，而免糾紛。惟此種匯票在我國尚屬首創，有其便利之點，亦有其法律關係複雜之點，例如此種如何承兌？如何背書轉讓？在在均須行而後知也。

三、到期日之計算

　　匯票之到期日除見票即付者以提示日為到期日，簡單明瞭，無何疑問外，其餘發票日後定期付款及見票後定期付款兩種匯票之到期日，均須加以計算，至定日付款之匯票雖無須計算，但有時卻需要加以解釋始可，本法就此等問題，設有規定如下：

　　㈠**見票後定期付款匯票其到期日之計算**　本法六七條一項規定：「見票後定期付款之匯票，依承兌日，或拒絕承兌證書作成日，計算到期日」，即此種匯票如已經承兌者，則依承兌日計算到期日，例如甲於民國五○年八月十一日發行一見票後定期付款之匯票，內載：「憑票祈於見票後一個月付」字樣，如受款人乙於九月五日向付款人子提示，而經其承兌者，則該匯票之到期日即為十月五日是；然若未獲承兌，而於九月七日作成拒絕承兌證書者，則該匯票之到期日即為十月七日是。

　　其次依本法六七條二項規定：「匯票經拒絕承兌，而未作成拒絕承兌證書者，依第四十五條所規定承兌提示期限之末日計算到期日」。按該條所定承兌提示期限有兩種，一為法定期限（自發票日起六個月），一為約定期限（發票人以特約縮短或延長之期限），見票後定期付款之匯票，未獲承兌而又未作成拒絕承兌證書者，自應依上述兩種期限之末日計算到期日，蓋依本法八七條一項規定：「拒絕承兌證書應於提示承兌期內作成之」。故尚未作成者，即應以該期限之末日計算到期日也。

　　㈡**發票日後或見票日後定期付款匯票其「定期」之計算**　本法六八條一項規定：「發票日後或見票日後，一個月或數個月付款之匯票，以在應付款之月，與該日期相當之日為到期日，無相當日者以該月末日為到期日」，例如：①發票日為八月十一日之匯票，記明自發票日後二個月付款時，則其到期日應為十月十一日是；②記明自見票日後三個月付款之匯票，而其承兌為八月一日者，則其到期日應為十一月一日是（此種計算方法，與民法不同，民法一二一條規定，以與起算日相當日之前一日為該期間之末日；但民法一二○條規定，以月定期

間者，其始日不算入，而於此則發票日或見票日亦算入，結果就末日言之，本法固較民法推後一天，就起算點言之，民法卻較本法推後一天，實際上兩者仍等）。又如上例①其發票日若為十二月三十一日者，則以其翌年二月之末日（二十八或二十九日）為到期日，蓋該應付款之月無與該發票日相當之日也（此點與民法一二一條之規定同）。

其次依本法六八條二項規定：「發票日後或見票日後一個月半或數個月半付款之匯票，應依前項規定計算全月後加十五日，以其末日為到期日」。例如發票日為八月十一日之匯票，載明發票日後一個月半付款者，則其到期日應為九月二十六日是，餘依此類推，茲不贅舉。

（三）**票上僅載月初月中月底字樣者之解釋**　本法六八條三項規定：「票上僅載月初月中月底者，謂月之一日、十五日、末日」。此種記載於下列三種情形上見之：

1.**見於定日付款匯票之到期日者**　例如載明：「憑票祈於八月底付」，則其到期日即為八月三十一日是；又如載明：「憑票祈於八月中付」，則其到期日即為八月十五日是也。

2.**見於發票日後定期付款匯票之發票日者**　例如載明：「發票日後一個月付款」，而其發票日記為八月初者，則該發票日即為八月一日，因而其到期日應為九月一日是。

3.**見於見票日後定期付款匯票之承兌日者**　例如載明：「見票日後兩個月付款」，而其承兌日記為二月底，則以二月二十八日（平年）或二十九日（閏年）為承兌日，因而其到期日應為四月二十八日或二十九日矣。

第八節　付　款

第一款　總　說

一、付款之意義

付款者乃付款人或擔當付款人支付票據金額，以消滅票據關係之行為也，析述之如下：

㈠**付款者乃消滅票據關係之行為也**　付款為一種行為，有消滅票據關係之效力，與民法上之清償相當。惟此種行為無須於票據上為意思表示，故非屬票據行為，而係一種準法律行為（廣義的）。付款雖非票據行為，但乃與票據有關之最重要之行為，因票據之最終目的，在乎付款，倘吾人以發票為票據之起站，付款乃其終站也。

㈡**付款者支付票據金額之行為也**　付款乃支付票據金額之行為，此點與清償不同，蓋清償雖為消滅債務之行為，但不以金錢之支付為限，而付款則必須支付金錢，因票據乃金錢證券故也。

㈢**付款者乃付款人或擔當付款人之行為也**　付款由付款人為之，有擔當付款人者，則由擔當付款人為之，故付款乃付款人或擔當付款人之行為，此點與參加付款及追索時之償還，均不相同，因斯二者雖亦係支付票據金額，但斯乃參加付款人及償還義務人之行為，非茲之所謂付款也（斯二者可包括於廣義的付款之中，而此之所述，則以狹義的付款為限）。

二、付款之種類

㈠**全部付款與一部付款**　付款以是否支付票據金額之全部為標準，可分為全部付款與一部付款兩種，前者係支付票據金額之全部，後者乃支付票據金額之一部，兩者在手續上及效力上均有不同，詳後述之。

㈡**到期付款與期外付款**　付款以是否於到期日或其後二日內或執票人同意延期之期內支付為標準，可分為到期付款與到期外付款兩種，前者係於到期日

或其後二日內或執票人同意延期之期限內支付；後者則於此等期日外支付，其中於此等期日前付款者謂之「期前付款」，於此等期日後付款者謂之「期後付款」，斯二者均與到期付款在效力有所不同。到期付款為正規的付款，故以下第二、第三兩款所述者，以到期付款為限，至期外付款，則另於第四款述之。

第二款　付款之程序

一、提　示

㈠**提示之意義**　付款程序之前提，為付款之提示，付款提示者乃執票人現實的出示票據於付款人或擔當付款人而請求其付款之行為也。因票據為提示證券，故執票人必須為付款之提示，否則不惟其付款請求權不為合法之行使，即其追索權亦必因之而喪失，故提示乃行使或保全票據權利之行為，而在見票即付之匯票，提示又具有確定到期日之作用（本法六六條）。

執票人雖必須為提示，但下列三種情形，則為例外：

1.執票人喪失票據時，自無法提示票據，只可依公示催告程序，而以除權判決代之。

2.拒絕承兌證書作成後，無須再為付款之提示（本法八八條上段）。

3.執票人因不可抗力之事變，不能於所定期限內為付款之提示，而其事變延至到期日後三十日以外時，執票人即無須為付款之提示（本法一○五條四項）。

㈡**提示期間**　匯票之提示期間，因匯票係見票即付之匯票，抑為其他之匯票（定日付款，發票日定期付款，見票日後定期付款）而不相同，申言之：

1.**見票即付匯票之提示期間**　見票即付匯票之付款提示期間為自發票日起六個月內，不過發票人得以特約縮短或延長之，但延長之期限不得逾六個月（本法六六條二項準用四五條）。

2.**其他匯票之提示期間**　其他匯票之付款提示期間，依本法六九條一項規定：「執票人應於到期日或其後二日內為付款之提示」。即自到期日起共有三日，

執票人於到期日當日提示固可，於其後二日內為付款之提示，亦無不可。

由於上述可知見票即付之匯票，係先有一定之提示期間，而後決定到期日；但其他之匯票則先有到期日，而後依到期日定其提示期間，然而無論何者，如不於提示期間內提示，則均喪失追索權（本法一〇四條）。

（三）**提示人及受提示人**　提示人為執票人，受提示人原則上為付款人，但亦得向下列兩者為之：

1.擔當付款人　本法六九條二項規定：「匯票上載有擔當付款人者，其付款之提示，應向擔當付款人為之」，因擔當付款人之設，旨在代付款人為付款，故載有此人之匯票，自應向此人為付款之提示。

2.票據交換所　本法六九條三項規定：「為交換票據，向票據交換所提示者，與付款之提示有同一之效力」❸❹。交換票據，須金融業者，且須已加入交換者，始得行之，故此種提示，個人無法為之，斯應注意。

二、付　款

（一）**付款之時期**　付款人於執票人為付款之提示時，應即付款，但本法七〇條規定：「付款經執票人之同意，得延期為之，但以提示後三日為限」，蓋匯票之付款人既不以金融業者為限（故支票不准延期付款），個人亦得充之，則難免有錢不湊手之時，如一時不能付款，即視為付款之拒絕而行使追索權，實欠允當。因而本法乃准於一定條件下可以延期。所謂一定條件者，第一、須經執票人之同意，所以保護其利益，以免付款人任意延展也；第二、須以提示後三日為限，所以保護其他票據關係人之利益，以免久懸不決也。

其次應注意者，付款之延期，與英國票據法上之恩惠日，應有區別。所謂

---

❸❹　票據交換所 (Clearing house) 乃同一地區內各金融業者，為交換票據所組織之團體也，蓋於今信用交易發達，票據之流通額日增，設甲銀行，收到乙銀行之票據，而需派人到乙銀行提款，而乙銀行收到甲銀行之票據，亦需派人到甲銀行提款，則不惟浪費人力，且持有現款，於途中難免有遺失被盜之虞，何愚笨之甚。於是票據交換所之制度乃應運而生，而上述之浪費與危險乃藉以避免。我國票據交換所在本省原暫設於臺灣銀行內，但現已改為中央銀行之附屬機構。

恩惠日，乃除見票即付之匯票外，付款人有三日之恩惠期間，加於票據到期日之上，付款人得於恩惠日之最後一日付款，亦即付款人得享有延期付款之權利（參照註❸），而本法所定付款之延期，非經執票人之同意不可，付款人不當然有延期之權利也。

　　㈡**付款人應審查及不必審查事項**　本法七一條一項規定：「付款人對於背書不連續之匯票而付款者，應自負其責」。可知付款人對於背書之是否連續，應加以審查，如背書不連續時，須拒絕付款，否則應自負其責。所謂自負其責者，即此種付款不發生免責的效力，萬一有真正權利人出而主張權利時，付款人仍應負責為再度付款也。

　　其次所謂背書之連續乃形式上連續為已足，本法七一條二項本文規定：「付款人對於背書簽名之真偽，及執票人是否票據權利人，不負認定之責」，因背書人於付款人處既未留有印鑑，則其簽名或蓋章之真偽，自無從核對；而執票人是否本人，如須加以認定者，則勢須查驗國民身份證並對照像片，如此則不惟付款人不勝其煩，即執票人亦不堪其苦，對於票據之流通上，大有妨礙，故本法乃明定，關於此等事項，付款人不負認定之責任❸。易言之只要對於背書在形式上連續之匯票而付款者，即可免責也。惟乃原則，本法七一條二項但書規定：「有惡意或重大過失時，不在此限」是為例外。所謂有惡意，例如明知執票人非真正權利人，而仍付款；所謂有重大過失，例如已接到止付之通知，但怠於拆視，以致對於執票人之非真正權利人，應知而不知；又如對於背書人簽名之真實性，已起懷疑，並明知該背書人係居住於附近，或裝有電話，原不難加

---

❸　或曰付款人付款時不必查驗國民身份證，既如上述，然則郵政匯票，往往須繳驗國民身份證，始獲付款，是又何所依據？曰：郵政匯票乃一種特別匯票，應優先適用特別法之規定。所謂特別法即郵政國內匯兌法是也，依該法第七條規定：「郵局為調查取款人之真偽，得令其出具必要之證明」，故郵局於付款時，輒為上述之查驗，不過斯亦限於匯款人有特別指定時，始為之耳。其詳情參照郵政規則三二七條以下，茲不多贅。
編按：上述郵政國內匯兌法及郵政規則均已在民國九二年廢止。現行法令請參照郵政儲金匯兌法。

以查詢，而竟怠於為之等情形均是，一有此等事實，付款人之付款，即不發生免責效力，不過此之規定，既屬例外，故主張付款人有惡意或重大過失者，應負舉證責任。

㈢**付款人得要求之事項**　本法七四條一項規定：「付款人付款時，得要求執票人記載收訖字樣，簽名為證，並交出匯票」。蓋付款後，則票據權利應歸消滅，在付款人方面言之，即因付款而免責，因而如不收回匯票，則執票人難免惡意利用，一旦落於善意人之手，付款人仍無法免責；而收回之匯票如未經執票人記載收訖字樣並簽名者，則何以證明業已付款，故付款人有權要求執票人辦理斯種手續，倘執票人拒絕為之者，則付款人自得拒絕付款，從而執票人之付款提示，即不構成合法之提示，因而自不得以此種之拒絕付款為由，而行使追索權。

上述收訖字樣之記載，一般多於票據之背面為之，極易與背書相混，若落於善意人之手，執票人難免負背書人之責任，故為是項記載時，必須書明收款等字樣始妥，否則若僅簽名了事，即難免被認為空白背書，而後患無窮也。

其次，本法七三條規定：「一部份之付款，執票人不得拒絕」。所以如此者，一部份付款足以免去一部份之追索，故本法乃規定執票人不得拒絕，若竟拒絕時，則對於該部份，應喪失追索權。惟一部付款，其手續若何？言之厥有兩端：①本法七四條二項規定：「付款人為一部分之付款時，得要求執票人在票上記載所收金額，並另給收據」。所以另給收據者因一部付款，執票人尚須就未獲付款之部份行使追索權，匯票不能交還，自當以收據代之也。至既已另給收據，復須於票上記載所收金額者，乃防止執票人惡意利用該項票據，以全額轉讓或追索也。②本法八六條一項規定：「匯票一部不獲付款時，執票人應請求作成拒絕證書證明之」，此項證書若不準時作成，亦喪失追索權。

㈣**付款之標的**　匯票為金錢證券，故其付款之標的，自應以貨幣為限，本法就此設有規定，如下：

1.本法七五條一項規定：「表示匯票金額之貨幣，如為付款地不通用者，得

依付款日行市，以付款地通用之貨幣支付之，但有特約者不在此限」。即匯票之付款，自應照票面所載之貨幣為給付，然票據所載貨幣之種類既無何等限制，則難免有為付款地不通用者，斯時除當事人另有特約，必須以該項貨幣現實支付者外，則付款人有依付款日行市以付款地貨幣支付之權利。

2.本法七五條二項規定：「表示金額之貨幣，如在發票地與付款地名同價異者，推定其為付款地之貨幣」。例如臺灣本島通用新臺幣，而金門亦通用新臺幣，假設斯二者價值不同時，則對於發票地在金門，而付款地在臺北之匯票，即推定為臺北之新臺幣，不過此僅屬於推定而已，若發票時已記明為金門之新臺幣，或事前雖未記載，但事後能舉出反證者，則此項推定或不能適用，或當然被推翻也。

第三款　付款之效力

匯票經付款後則票據權利消滅❸，即全部付款則全部消滅；一部付款則一部消滅，不惟付款人免其責任，即各償還義務人亦均免其責任，故曰付款乃票據之終站也。至於發票人如未提供資金時，付款人自得向其求償，是又別一問題矣。

第四款　到期外之付款

一、期前付款

匯票除見票即付者外，其他匯票均先有確定之到期日，因而可發生期前付款之問題，依本法七二條一項規定：「到期日前之付款，執票人得拒絕之」，按期限利益，依民法規定本為債務人之所有，故債務人可以拋棄該項利益，而任意於期前為給付（民法三一六條），亦即債務人原則上有期前給付之權，但於此

---

❸　英票第五九條：「㈠匯票經付款人或承兌人或受各該人委託之人為適當付款而消滅。所謂『適當付款』，意指於匯票到期日或到期日後而匯票執票人善意所為之付款，同時對於執票人在匯票所有權之瑕疵，概不知情之謂……。㈢擔當匯票因擔當人之適當付款而消滅」。

則不然，付款人原則上不得於到期日前付款，蓋匯票貴乎流通，於到期日前，執票人尚得利用該匯票而置諸流通過程也。匯票於期前付款，執票人雖得拒絕，但執票人若未拒絕受領，而付款人業已付款時，則如何？本法七二條二項規定：「付款人於到期日前付款者，應自負其責」。所謂自負其責，即付款人自己應負擔其危險之謂。詳言之，在到期付款，只要匯票背書在形式上連續，雖執票人非真正權利人，而付款人如無惡意或重大過失者，則仍可免其責任；但在期前付款則不能發生斯種免責效力，亦即無論付款人有無過失，倘有真正權利人出而請求時，則付款人不得以既已付款為由，而對抗之是也。

於此應注意者，匯票之付款，原則上雖不得於期前為之，但因被追索，而於期前償還（廣義的付款，參照本法九七條二項），則為法之所許。

二、期後付款

所謂期後付款，指付款提示期間經過後，或拒絕付款證書作成後之付款而言。此種付款之效力如何？可分下列各項述之：

㈠**承兌人之期後付款**　承兌人之付款義務，除消滅時效完成外，應絕對負之，並不因提示期間之經過（提示期間經過，而未為提示者，執票人僅喪失追索權），或拒絕付款證書之作成或未作成，而免除其義務，故承兌人之期後付款與到期付款仍可發生同一效力。不惟如此，依本法七六條規定：「執票人在六十九條所定期限內不為付款之提示時，票據債務人得將匯票金額依法提存，其提存費用由執票人負擔之」，是為票據債務人之提存權，此之所謂票據債務人主要指承兌人而言，又承兌人之保證人，因與承兌人處於同一地位，故亦包括在內，但發票人、背書人等償還義務人，因執票人既未於提示期間內為付款之提示，而已喪失追索權，故不必為此項之提存。

此種提存，為免責的提存，與民法三二六條以下所規定者，同其效力。

㈡**未經承兌之付款人之期後付款**　此可分兩點言之：①在提示期間經過後，執票人既已喪失追索權，而匯票又未經承兌，則付款請求權已無付款義務人，易言之，此際該票據上已無權利之可言，若付款人對之付款者，自不發生付款

之效力，影響所及，付款人對於發票人即不得依據付款之委託而求償資金，只能依據不當得利之規定，請求返還矣（若付款人未付款，則執票人尚得依本法二二條四項規定，向發票人請求受益之償還）。②在拒絕證書作成後，則執票人已保全其追索權，該票據權利並未消滅，因而如對之付款時，自應解為有效。

第九節　參加付款

第一款　總　說

一、參加付款之意義

參加付款者為特定票據債務人之利益，由付款人或擔當付款人以外之人付款，以阻止追索權之行使之謂，析述之，可得下列三點[37]：

㈠**參加付款者乃付款人或擔當付款人以外之人所為之付款也**　付款人或擔當付款人所為之付款，為狹義之付款，付款人或擔當付款人以外之人（參加付款人）所為之付款，謂之參加付款，屬於廣義付款之一種，與狹義的付款有所不同，其詳於次段比較之。

㈡**參加付款者乃阻止執票人追索權之行使所為之付款也**　參加付款之目的，在乎阻止執票人追索權之行使，至其追索權係期前行使，抑到期行使，在所不問，此由於本法七七條有：「參加付款應於執票人得行使追索權時為之」一語，即可知之，不過本書則認為參加付款主要係針對追索權之到期行使而設，其詳容後述之。

㈢**參加付款者乃為特定票據債務人之利益所為之付款也**　參加付款既可阻止追索權之行使，則票據債務人之信譽因之保全，但參加付款人參加付款時，究為保全何人之信譽，該人即係被參加付款人，被參加付款人雖各票據債務人均得充之，但必須確定為某人而後可，否則不惟參加付款人於參加付款後，應

---

[37]　參加付款亦為票據參加之一種，英票六八條雖有規定，但美商業證券法則予廢止。蓋此一制度實際上甚少利用也。

向何人求償，不得而知，即因參加付款而得免責之票據債務人，其範圍亦無法確定也。

二、參加付款與付款之比較

參加付款與付款頗相類似，本法且將參加付款規定於付款之次，似認為參加付款亦係一種付款，其實二者仍有下列之不同：

㈠付款係由付款人或擔當付款人付款；而參加付款則由付款人或擔當付款人以外之人付款。

㈡付款後則票據關係完全消滅；而參加付款則僅能消滅部份票據關係（執票人之權利消滅，而為參加付款人所取得，至被參加人之後手，亦因此而免除其責任，但被參加人及其前手之責任，則仍不消滅）。

㈢付款得就匯票金額之一部份為之；而參加付款，則應就被參加人應支付金額之全部為之（本法八一條）。

三、參加付款與民法上第三人清償之比較

參加付款與民法上第三人之清償，亦頗類似，但二者有下列之不同：

㈠第三人清償，除該第三人就債之履行有利害關係外，如債務人有異議時，債權人得拒絕其清償（民法三一二條二項）；而參加付款，則票據債務人縱有異議，執票人亦不得拒絕，否則對於被參加人及其後手喪失追索權（本法七八條二項）。

㈡第三人清償，若該第三人就債之履行有利害關係時，則取得代位權，否則僅有求償權（民法三一二條）；而參加付款則參加人不論就付款有無利害關係，對於承兌人被參加付款人及其前手取得執票人之權利（本法八四條一項本文）。

第二款　參加付款之程序

㈠**參加付款之時期**　本法七七條規定:「參加付款應於執票人得行使追索權時為之；但至遲不得逾拒絕證書作成期限之末日」。執票人之行使追索權本有到

期行使與期前行使之分，前者即執票人於匯票到期不獲付款時，行使追索權之謂（本法八五條一項）；後者即執票人於匯票不獲承兌時，付款人或承兌人死亡逃避或其他原因無從為承兌提示時，付款人或承兌人受破產宣告時，雖在到期日前，亦得行使追索權之謂（本法八五條二項）。參加付款不論追索權係到期行使抑期前行使，均得為之，但至遲不得逾拒絕證書作成期限之末日，以示限制。此之所謂拒絕證書應包括拒絕承兌證書及拒絕付款證書兩者，前者須於提示承兌期限內作成，後者須於拒絕付款日或其後五日內作成之，但執票人允許延期付款時，應於延期之末日或其後五日內作成之（本法八七條）。因而參加付款亦應於上述之各期限內為之，以免拖延時日，妨害執票人之利益。

　　參加付款時期，依本法七七條之文義以觀，雖不以拒絕付款時為限（王效文：商事法概論一九一頁，認為以拒絕付款時為限），但究以行之於拒絕付款之時為主，其理由：①為防止追索權之期前行使，有參加承兌制度為已足，勿須為參加付款；②本法七九條僅規定於拒絕付款時，應向參加承兌人或預備付款人為付款（參加付款）之提示，對於到期日前得行使追索權時，應向何人為付款之提示，並無規定；③本法八二條僅規定參加付款應於「拒絕付款證書」內記載，於「拒絕承兌證書」內是否亦得記載，並無規定。基此三點，足徵立法之原意，參加付款係針對到期追索而設，此點證諸票據法草案說明書第二章第八節關於參加付款之說明有：「其參加之時期，在拒絕付款以後」等語，益可信其然也。

　　㈡**參加人**　本法七八條一項規定：「參加付款，不問何人均得為之」，因參加付款係屬現實的支付，故不論是否為票據債務人（承兌人除外），均無妨為之。此點與參加承兌之限於票據債務人以外之人者，大不相同。參加付款雖任何人均得為之，但仍因其人資格之不同，而其程序有異，茲分述之如下：

　　1.參加承兌人或預備付款人參加付款　本法七九條一項規定：「付款人或擔當付款人，不於第六十九條及第七十條所定期限內付款者，有參加承兌人時，執票人應向參加承兌人為付款之提示；無參加承兌人而有預備付款人時，應向

預備付款人為付款之提示」。因參加承兌人本負付款之責任（本法五七條），而預備付款人又為參加付款而設，故本條明定執票人有向此二者提示之義務。執票人向此二人提示，經其清償時，即變為參加付款之問題，如不清償，則依同條二項規定：「參加承兌人或預備付款人不於付款提示時為清償者，執票人應請作成拒絕付款證書之機關，於拒絕證書上載明之」，所以如此者，為保全其追索權也。此觀諸同條三項規定：「執票人違反前二項規定時，對於被參加人與指定預備付款人之人及其後手喪失追索權」，即可知之矣。本項所稱被參加人指被參加承兌人而言，斯應注意。

　　2.**其他之人之參加付款**　除上述之參加承兌人或預備付款人外，其他之人（承兌人不在內），亦均得任意參加付款，此等人參加時，雖執票人無事先向其為付款提示之義務，但執票人亦不得拒絕其參加，本法七八條二項規定：「執票人拒絕參加付款者，對於被參加人及其後手喪失追索權」，以明示斯旨。蓋參加付款與參加承兌不同，參加付款係現實的付款，執票人當無拒絕之理也。

　　3.**數人同時請求參加付款**　本法八〇條一項規定：「請為參加付款者有數人時，其能免除最多數之債務者有優先權」。數人請求參加付款，是為參加付款人之競合，於此情形，當然只容許一人參加，然而於此數人中究竟容許何人參加，法律上不能不規定其標準。標準如何，即視其參加付款，能否免除最多數之債務以為斷，其能免除最多數債務者，則有優先權，茲圖示如下：

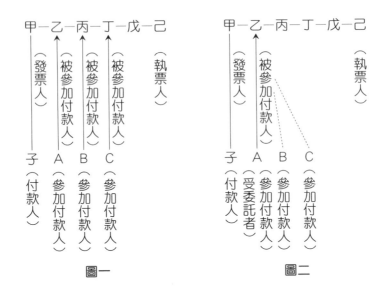

圖一　　　　　　　　圖二

　　依本法八四條二項規定：「被參加付款人之後手，因參加付款而免除債務」。故在圖一中雖有 ABC 三人同時請求參加付款，但如 C 參加付款時，則只能免除背書人戊一人之債務，而 B 參加付款時，則能免除丁、戊二人之債務，若 A 參加付款時，則能免除丙、丁、戊三人之債務，法律為息事寧人計，乃規定 A 有優先權，因而本法八〇條二項復規定：「故意違反前項規定為參加付款者，對於因之未能免除債務之人喪失追索權」，以示制裁。例如上圖若 C 故意違反優先權之規定，而參加付款時，則對於丙、丁喪失追索權，結果在丙、丁方面觀之，可收到與 A 參加時之同一效果，而 C 則不利，蓋咎由自取也。

　　其次如圖二，ABC 三人同時以乙為被參加付款人而請求參加付款時，則應以何人為優先？依本法八〇條三項規定：「能免除最多數之債務者有數人時，應由受被參加人之委託者或預備付款人參加之」，則 A（受委託者）有優先權。若 A 雖未受委託，而係預備付款人時，亦係如此，然若 A 為受委託者，B 為預備付款人（受委託者與預備付款人競合）時，則如何？學者間見解不一，有認為應由預備付款人優先參加者，亦有認為應由受委託之人優先參加者，本書認為依據條文中所列之順序，及考慮當事人之意思（既已指定預備付款人在先，復

委託他人參加付款在後，可見其已有不欲再令預備付款人參加之意思），應准由受委託之人優先參加為宜。

　　(三)**被參加人**　參加付款應有被參加付款人，其詳於次款中述之。

　　(四)**參加付款之金額**　本法八一條規定：「參加付款應就被參加人應支付金額之全部為之」。可見一部參加付款乃為法所不許，蓋參加付款事屬變態，若再允許一部參加，則法律關係益趨繁雜矣，惟所謂「被參加人應支付金額」不必與票面金額相一致，蓋執票人於付款人處已獲一部付款，而僅追索未獲付款之部份者亦有之，此時其未獲付款之部份即為被參加人應支付之金額，因而參加付款應就此金額之全部為之。

　　(五)**參加付款之記載**　參加付款雖非票據行為，而係一種準法律行為，但亦須加以記載，其記載之款式即於下款述之。

第三款　參加付款之款式

　　本法八二條一項規定：「參加付款應於拒絕付款證書內記載之」。若免除作成拒絕付款證書者，應於何處記載？法無規定，解釋上得記載於匯票之上，至於執票人於拒絕承兌之情形下追索時，則參加付款，是否須記載於拒絕承兌證書之內，法亦無明文（由此可知參加付款以行之於拒絕付款時為主），解釋上應作肯定（梅仲協先生：商事法要義二二八頁）。

　　其次應記載之事項，法亦無規定，解釋上應記載下列各項，由參加付款人簽名：

　　1.**參加付款之意旨**　即記明參加付款之字樣即可。

　　2.**被參加付款人之姓名**　被參加付款人之姓名應由參加付款人記載，惟依本法八二條二項規定：「參加承兌人付款，以被參加承兌人為被參加付款人；預備付款人付款，以指定預備付款人之人為被參加付款人」，於此情形雖不記載，亦無不可。又依同條三項規定：「無參加承兌人或預備付款人，而匯票上未記載被參加付款人者，以發票人為被參加付款人」。蓋如此始能免除多數人之債務也。

3.**參加付款之年、月、日** 參加付款係何時所為，自應記明。

第四款 參加付款之效力

參加付款後，應發生何種效力？可分下列三方面言之：

(一)**及於參加付款人之效力** 參加付款對於參加付款人應發生下列之效力：

1.**票據權利之取得** 本法八四條規定：「參加付款人對於承兌人被參加付款人及其前手取得執票人之權利；但不得以背書更為轉讓」。所謂執票人之權利，主要指付款請求權及追索權兩者而言，惟背書權則不包括在內，因此種匯票既已發生問題，自不應再使之流通，故參加付款人所取得之權利，不包括背書權，因而遂不得更依背書而轉讓矣。

2.**通知義務之負擔** 本法八二條四項規定：「第五十五條之規定於參加付款準用之」。準用該條之結果為：①參加付款人非受被參加付款人之委託而為參加者，應於參加後四日內，將參加事由通知被參加付款人，②參加付款人怠於為上述之通知，因而發生損害時，應負賠償之責。其詳請參照參加承兌節與此有關之說明，茲不多贅。

(二)**及於執票人之效力** 參加付款後，則執票人之票據權利，依法移轉於參加付款人，故本法八三條一項規定：「參加付款後，執票人應將匯票及收款清單交付參加付款人，有拒絕證書者，應一併交付之」。是為執票人之交付義務，若違反此項義務者，依同條二項規定：「違反前項之規定者，對於參加付款人應負損害賠償之責」，以示制裁。實際上參加付款人之付款，必與執票人之交付匯票等，同時行之，如匯票等不交付，則參加付款人何能付款，因而上述之損害，似無從發生也。

(三)**及於被參加付款人之後手之效力** 本法八四條二項規定：「被參加付款人之後手，因參加付款而免除債務」。此點與付款不同，付款則全部票據債務人均免除債務，此則僅一部票據債務人免除債務，其餘如承兌人，被參加付款人及其前手仍不能免除債務也。

第十節　追索權

第一款　總　說

一、追索權之意義

追索權者，乃票據不獲付款或不獲承兌或有其他之法定原因時，執票人得向其前手請求償還票據金額利息及費用之一種票據上之權利也，析述之如下：

㈠**追索權者乃票據上之一種權利也**　追索乃票據法上獨特的一種制度（亦有謂係由民法上之瑕疵擔保制度，脫化而來者），各種票據均有之，故追索權為票據上之權利，惟票據上之權利主要為付款請求權（第一次的權利），其次始為追索權（第二次的權利）。

㈡**追索權者乃執票人得向其前手請求償還票據金額利息及費用之權利也**　追索權為執票人之權利，其效力在乎向其前手請求償還票據金額利息及費用。所謂前手不僅指執票人之直接前手，一切前手均包括在內，因而執票人行使此項權利之對象，不以直接前手為限，而得向一切之前手行之，所謂窮追遍索者是也。至其效力既在乎請求償還，故追索權亦名償還請求權，又所得請求償還者除票據金額外，尚包括利息及費用（本法九七、九八條），此亦與付款請求權不同之點也。

㈢**追索者乃票據有不獲付款或不獲承兌或其他之法定原因時始得行使之權利也**　追索權雖為票據之權利，但非具備法定原因則不能行使，法定之原因若何？不外為①不獲付款，②不獲承兌，③其他之原因，即付款人或承兌人死亡逃避或其他原因無從為承兌提示，及付款人或承兌人受破產之宣告等情形是也。一有上述之情形，則執票人即得依一定之程序，行使追索權。

二、追索權之種類

㈠**到期追索權與期前追索權**　追索權以其行使之時期為標準，可分為：①到期追索權，與②期前追索權兩者❸，前者乃於票據不獲付款時，所得行使之

追索權；後者乃於票據不獲承兌時，付款人或承兌人死亡逃避或其他之原因無從為承兌或付款提示時，或付款人或承兌人受破產宣告時，所得行使之追索權也。

兩者區別之實益，即到期追索權，僅因參加付款而阻止其行使，至期前追索權，則可因參加承兌或參加付款而阻止其行使，又兩者所得追索之金額亦不相同（注意本法九七條二項）。

㈡**最初追索權與再追索權**　追索權以其行使之主體為標準，可分為最初追索權與再追索權兩者，前者乃執票人所行使之追索權，後者乃已為償還之票據債務人（如背書人），向其前手再追索之追索權也。

兩者區別之實益，於追索金額（本法九七、九八條）及消滅時效（本法二二條）上見之。

第二款　追索權之主體及客體

一、追索權之主體

㈠**追索權人**　追索權人，有下列兩種：

1.執票人　最初追索之追索權人為執票人。但依本法第九九條規定：「執票人為發票人時，對其前手無追索權。執票人為背書人時，對該背書之後手無追索權」。以免循環求償。

---

❸ 關於追索權之立法例，有三種主義，即：

　1.期前償還主義　亦稱一權主義，即只認追索權為償還請求權，不論於到期後或到期前，均得請求償還者是也，英、美、及日內瓦統一票據法，日本現行票據法，均採此主義，本法亦同。

　2.擔保主義　亦稱二權主義，認執票人之追索權，包括兩種權利，一曰擔保請求權，二曰償還請求權，在期前追索只能請求提供擔保，不能請求償還，在到期追索時，始能請求償還，此主義德舊票據法及日本舊商法採之。

　3.選擇主義　亦稱折衷主義，即在期前追索時，或為擔保之請求，或為償還之請求，當事人得任擇其一者是也，此主義尚有兩種，以選擇權屬於執票人者，如西班牙、智利是；以選擇權屬於被追索之人者，如法國、比利時、荷蘭、葡萄牙等國是也。

2.因清償而取得票據之人　本法九六條四項規定：「被追索者已為清償時，與執票人有同一權利。」即因清償而取得票據之人，可以再向其前手追索，是為再追索，再追索之追索權人如下：

①**背書人**　背書人（在追索權言之，應稱被背書人為妥）對其前手有追索權，但如有本法九九條規定之情形時，亦無追索權，其理由與上述者同。

②**保證人**　保證人清償債務後，得行使執票人對承兌人、被保證人及其前手之追索權（本法六四條）。

③**參加付款人**　參加付款人對於承兌人、被參加付款人及其前手，取得執票人之權利（本法八四條本文），當然包括追索權。

(二)**償還義務人**　償還義務人，有下列三種：

1.背書人　背書人負擔保匯票之承兌及付款之責任（本法三九條），故背書人為償還義務人（本法八五條一項），但背書人有免除擔保承兌之特約者，則執票人不得於到期日前對之行使追索權。

2.發票人　發票人亦負擔保承兌及付款之責任（本法二九條），故發票人亦為償還義務人（本法八五條一項），但發票人於發票時有免除擔保承兌之特約者，則執票人亦不得於到期日前，對之行使追索權。

3.其他票據債務人　其他票據債務人，如保證人（本法六一條）及參加承兌人（本法五七條）亦均為償還義務人。

以上對於追索權人及償還義務人，已分別列舉，於茲有一問題焉，即就發票人與承兌人之關係上言之，發票人是否亦得為追索權人，而承兌人是否亦得為償還義務人是也。按追索權之設，乃執票人不獲付款或不獲承兌時之一種保護制度，因而追索權之行使自應及於發票人而止，易言之發票人為最後之償還義務人，而承兌人自不在被追索之列，一般之解釋無不如此，惟本法第九六條一項既曰：發票人「承兌人」背書人及其他票據債務人對於執票人連帶負責，其第二項又曰：執票人得不依負擔債務之先後，對於前項債務人之一人或數人或全體行使追索權，而九八條一項有：「為第九十七條之清償者，得向承兌人或

159

前手要求左列金額」之規定，而其二項復有：「發票人為第九十七條之清償者，向承兌人要求之金額同」等語，又五二條二項亦規定：「承兌人到期不付款者，執票人雖係原發票人，亦得就第九十七條及第九十八條所定之金額，直接請求支付」由此等條文綜合觀之，可知發票人亦得為追索權人，而承兌人亦在被追索之列。或曰對於承兌人既有付款請求權可資行使矣，又何須乎追索權耶？曰斯二者時效期間不同，故不妨併存，蓋匯票付款請求權之消滅時效期間雖長達三年，而追索權之消滅時效期間，雖短只一年（執票人對前手），或六個月（背書人對前手），但如有多數之背書人，而又依次追索時，則其期間之累積可能超過三年，斯時付款請求權既已消滅矣，則為最後之償還者，不行使追索權也何待？或曰付款請求權因時效消滅時，尚可行使受益償還請求權，又何須追索權耶？曰受益償還請求權原較票據權利為不利，是乃票據債權因時效消滅後，法律上所設之一種救濟制度，於執票人三年內未行使付款請求權之情形下，始有適用之必要，若執票人已遵期提示，依法追索，而被追索者應依次追索，依次清償，其追索權自不因時效而消滅，則最後之清償人，若不得以承兌人為償還義務人時，則其追索權又將如何行使？由此觀之，承兌人亦得為償還義務人也明矣。不過在一般情形，對於承兌人既有付款請求權之存在，故追索權多不須行使耳。

　　以上所述僅係筆者個人之一點淺見，於此記之，聊供研究之參考而已，非敢以之為定論也。

二、追索權之客體

　　㈠**最初追索**　本法九七條一項規定：「執票人向匯票債務人，行使追索權時，得要求左列金額：

　　一、被拒絕承兌或付款之匯票金額，如有約定利息者，其利息。

　　二、自到期日起，無約定利率者，依年利六釐計算之利息。

　　三、作成拒絕證書與通知及其他必要費用。」

　　上述第一款所列之被拒絕承兌或付款之金額，在全部被拒絕者，則為票面

金額，在一部拒絕者，則為該一部份之金額，如有約定利息者，並將其利息算入之。

上述第二款所列之利息，與第一款所列之利息不同，即第一款為約定利息，而第二款則為法定利息。與民法二三三條所定之遲延利息，有同一性質。

上述第三款所列之費用，主要指作成拒絕證書與拒絕事由通知之費用而言，至其他費用，以必要者為限，例如郵費，計算書作成之費用，及宣告破產裁定之正本或節本之費用等均是；但訴訟費用在解釋上不包括在內，因訴訟費用當然由敗訴之前手負擔也。

其次依本法九七條二項規定：「於到期日前付款者，自付款日至到期日前之利息，應由匯票金額內扣除，無約定利率者，依年利六釐計算」，此種倒扣利息，乃為免執票人取得不當之利益也。

㈡**再追索** 已為清償之票據債務人，再向其前手追索時，依本法九八條一項規定：「為第九十七條之清償者，得向承兌人或前手要求左列金額：

一、所支付之總金額。

二、前款金額之利息。

三、所支出之必要費用。」

由此可知，追索之次數愈多，則追索之金額必隨之而愈擴大，且利息上亦可再加利息（因「一、所支付之總金額」，已包括利息，而「二、前款金額之利息」，自可發生利息之利息，此為民法二三三條二項規定之例外），故追索權之行使，對於各當事人均屬不利也。

其次本法九八條二項規定：「發票人為第九十七條之清償者，向承兌人要求之金額同」，似在明示發票人亦得為追索權人，而承兌人亦得為償還義務人也。

第三款　追索權之保全及行使

第一項　追索權之保全

　　追索權之保全乃追索權行使之前提，必須先行保全，而後始能行使，本法八五條一項中有：執票人於行使或保全匯票上權利之行為後，得行使追索權等語，即所以明示斯旨，然則追索權之保全方法如何？言之有下列兩端：

　　㈠**遵期提示**　匯票之應為承兌者，執票人須於承兌期限內為承兌之提示（本法四四、四五條）。而一切匯票，除有本法八八條及一〇五條四項，所規定之情形外，均須於付款提示期限內，為付款之提示（本法六六、六九、七九條）。承兌之提示與付款之提示，本為執票人票據權利之行使行為（本法八五條一項中所謂行使，即指此而言），但同時亦正為追索權之保全行為。故如不遵期提示時，則追索權喪失（詳後述），追索權既告喪失，又何有行使之可言，故追索權之行使，必先經此保全行為而後可。

　　㈡**遵期作成拒絕證書之作成**　追索權之保全，僅有上列之提示，猶為未足，必須更行遵期作成拒絕證書，始得追索，故拒絕證書之作成，亦為追索權保全之要件。但同時又為追索權行使之要件，構成追索程序之一部，其詳俟於追索程序中述之。

第二項　追索權之行使

一、追索權行使之原因

　　追索權之行使，須具備法定原因（追索權行使之實質的要件），此原因由於追索權係到期行使，抑期前行使，而不相同，茲分述之如下：

　　㈠**到期行使**　本法八五條一項規定：「匯票到期不獲付款時，執票人於行使或保全匯票上權利之行為後，對於背書人、發票人及匯票上其他債務人得行使追索權」，可知「匯票到期不獲付款」即為追索權到期行使之原因。

(二)**期前行使**　本法八五條二項規定：「有左列情形之一者，雖在到期日前，執票人亦得行使追索權」，所謂左列情形如下：

1.匯票不獲承兌時　即執票人為合法之承兌提示，而遭受拒絕之情形是(但本法四七條二項，承兌附條件者，視為承兌之拒絕亦包括在內)，此時雖在到期日前，亦得行使追索權。

2.付款人或承兌人死亡逃避或其他原因無從為承兌或付款提示時　此可分兩種情形，即①匯票未經承兌者，則付款人死亡、逃避或其他原因（如犯罪被拘於監獄），無從為承兌時。②匯票已經承兌者，則承兌人死亡、逃避或其他原因，將無從為付款之提示時是也。由此可知追索權之期前行使不限於未經承兌，即已經承兌後，而有上述之原因者，亦得於到期日前行使追索權，此點極應注意。

3.付款人或承兌人受破產宣告時　未經承兌之匯票，其付款人受破產之宣告時；已經承兌之匯票，其承兌人受破產之宣告時，執票人均得於到期日前行使追索權。按受破產之宣告者，已無支付能力，故法律乃允許執票人行使追索權也。

二、追索權行使之程序

(一)**拒絕證書之作成**　拒絕證書之作成，為追索權之保全方法，同時亦為追索權行使之形式的要件，故原則上必須作成拒絕證書，例外亦得以其他之方法代替，有時且無須作成，茲將此原則與例外分述之如下：

1.原則　本法八六條一項規定：「匯票全部或一部不獲承兌或付款或無從為承兌或付款提示時，執票人應請求作成拒絕證書證明之」，即執票人對於不獲承兌、不獲付款或無從為承兌或付款提示之事實，應負舉證責任，而其證明方法，以拒絕證書為限，故必須請求作成拒絕證書始可。惟上述之事實不一，各該拒絕證書作成之期限，自亦不一致，可分下列各點述之：

①**拒絕承兌證書**　本法八七條一項規定：「拒絕承兌證書，應於提示承兌期限內作成之」，即見票後定期付款之匯票，應於發票日後六個月內（發票人以特

約縮短或延長者，則於該期限內）；指定請求承兌期限之匯票，應於指定之期限內，其他之匯票則應於到期日前，作成拒絕承兌證書是也。依本法八八條規定：「拒絕承兌證書作成後，無須再為付款提示，亦無須再請求作成付款拒絕證書」，所以免除執票人之煩累也。

②**拒絕付款證書**　本法八七條二項規定：「拒絕付款證書，應以拒絕付款日或其後五日內作成之。但執票人允許延期付款時，應於延期之末日，或其後五日內作成之。」

③**無從為承兌或付款提示之證書**　執票人對於無從為承兌或付款提示等事實，亦應以拒絕證書證明，此等證書應於何時作成，法無明文（本法第二〇條末段僅規定其作成處所），解釋上在無從為承兌之情形，亦應於承兌期限內作成之，在無從為付款提示之情形，因係期前追索之故，自應於到期日前作成之。

於此應注意者，作成拒絕證書雖為執票人之義務，但所需費用卻應由被追索之人負擔。

2.例外　行使追索權以作成拒絕證書為原則，以不作成為例外，例外尚可分下列兩種情形：

①**以其他之方法代替者**　執票人雖須作成拒絕證書，但得以下列之兩種方法代替：㈠本法八六條二項規定：「付款人或承兌人在匯票上記載提示日期，及全部或一部承兌或付款之拒絕，經其簽名後，與作成拒絕證書有同一之效力」，此即所謂略式的拒絕證書是也，此種辦法乃為謀執票人之便利而設，一般情形，毋寧以此法為之者為多（尤其支票更多如此，參照本法一三一條二項）。㈡本法八六條三項規定：「付款人或承兌人之破產，應以宣告破產裁定之正本或節本證明之」，蓋宣告破產裁定具有公證力，執票人提出該項正本或節本足矣，不必作成拒絕證書也。

②**無須作成拒絕證書者**　執票人既不必作成拒絕證書，亦不必以其他方法代替者，可分下列二種情形：(A)本法九四條一項規定：「發票人或背書人得為免除作成拒絕證書之記載」，是為拒絕證書之免除，蓋責令執票人提出拒絕證書，

雖可避免其未經提示，而擅自追索，但拒絕證書之作成既須由被追索之人負擔費用，又須將匯票喪失信用之事實公開，對於被追索之人言之，實利少而弊多，故法律允許發票人、背書人為免除作成拒絕證書之記載（記明免除作成拒絕證書字樣即可），惟其效力，則因係何人記載而不相同，即本法九四條二項規定：「發票人為前項記載時，執票人得不請求作成拒絕證書而行使追索權，但執票人仍請求作成拒絕證書時，應自負擔其費用」。至於背書人記載時，則依本法九四條三項規定：「背書人為第一項記載時，僅對於該背書人發生效力，執票人作成拒絕證書者，得向匯票上其他簽名人要求償還其費用」，即對於該為記載之背書人追索時，可以不作拒絕證書，對於其他之人追索時，仍須作成拒絕證書，不過該項費用，應由其他之人負擔耳。其次依本法九五條本文規定：「匯票上雖有免除作成拒絕證書之記載，執票人仍應於所定期限內，為承兌或付款之提示」。蓋免除拒絕證書不過免除執票人之舉證責任耳，並非對於承兌或付款之提示，亦一併免除也。既免除執票人之舉證責任，因而依同條但書規定：「對於執票人主張未為提示者，應負舉證之責」，是為舉證責任之轉換。蓋遵期提示而被拒絕之一事實，本應執票人負舉證責任（作成拒絕證書），但匯票上既有免除作成拒絕證書之記載，則主張執票人未為提示者，反應負舉證責任矣。究極言之，倘該為此主張者，如不能舉證時，縱實際上執票人未為提示，亦不能拒絕其追索也。(B)本法一〇五條四項規定：「如事變延至到期日後三十日以外時，執票人得逕行使追索權，無須提示或作成拒絕證書」。此亦為不作成拒絕證書而可以追索之情形之一，其詳當後述之。

　　㈡**拒絕事由之通知**　追索權之行使，並非票據之正常現象，而屬於一種變態，因而何時追索，非被追索人所得預料，故法律上乃課追索權人以通知之義務，俾被追索者依該通知：①及早為償還資金之準備，②為防止償還金額之擴大，而自動的提前償還，③對於票據之原因關係或資金關係得有所措置。惟此項通知並非追索權行使之要件，只是程序之一部而已，茲分下列各項述之：

　　1.**通知義務人及受通知人**　通知義務人為：①執票人，②收到通知之背書

165

人。至受通知人則為背書人、發票人及其他匯票上債務人（如保證人）。

2. 通知之期限　通知期限因通知義務人而異：①執票人之通知：本法八九條一項規定：「執票人應於拒絕證書作成後四日內，對於背書人、發票人及其他匯票上債務人，將拒絕事由通知之」，是謂直接通知主義，採此主義，俾追索義務人早日獲悉拒絕之事實，而及時有所準備或措置也。又上述之四日期限，係自拒絕證書作成後起算，然拒絕證書之作成，有時可以免除，則此項期限，應如何起算，本法八九條二項規定：「如有特約免除作成拒絕證書時，執票人應於拒絕承兌或拒絕付款後四日內，為前項之通知」，至於以破產宣告為理由而追索時，因破產法（六五條）設有公告之規定，執票人自無須為特別之通知也。②背書人之通知：本法八九條三項規定：「背書人應於收到前項通知後四日內，通知其前手」，是為謂遞次通知主義，既規定執票人直接通知矣，復規定背書人遞次通知者，因此項通知之生效，不採到達主義，而採發信主義（下述），如僅有執票人之通知，恐被通知人萬一漏未收到，仍無從為準備也。又依本法八九條四項規定：「背書人未於票據上記載住所或記載不明時，其通知對於背書人之前手為之」。由此可知背書人於背書時，未記載自己之住所，或記載不明時，則當然喪失其受通知之權利，從而因未通知，而可發生之損害賠償請求權（本法九三條但書），自亦解為不能發生矣。惟此僅指背書人之未記載住所或記載不明者而言，若發票人則如何？法無規定，解釋上自得類推適用此之規定也。

3. 通知之方法　本法九一條一項規定：「通知得用任何方法為之。但主張於第八十九條所定期限內曾為通知者，應負舉證之責」，即通知之方法得由執票人自由選擇，口頭、書面均無不可。不過對於已遵期為通知之事實，應由通知義務人負舉證責任耳，因而通知義務人於通知時，對於證據（如電報之回單，掛號函件之收據，或電話記錄簿）之保存，不可不留意焉。

其次本法九一條二項規定：「付郵遞送之通知，如封面所記被通知人之住所無誤，視為已經通知」，申言之，縱令該通知未到達於相對人，亦可發生通知之效力，以此可知本法係採取發信主義，與民法之採取到達主義者不同。

4.通知之免除　受通知既為發票人等之權利，而發通知乃執票人之義務，則發票人自可拋棄該項權利，故本法九〇條規定：「發票人、背書人及匯票上其他債務人，得於第八十九條所定通知期限前，免除執票人通知之義務」，於此情形，執票人自毋庸為通知矣，不過其免除須於八九條所定通知期限前為之，否則即失其意義，應屬不可。惟既須於八九條所定期限前免除，則於發票或背書時，為此項免除之記載，似亦無妨有效（西島彌太郎：手形法小切手法二八四頁，認為免除追索通知之文句於票據上不生效力），其次應注意者前述拒絕證書作成之免除，與此通知之免除，不可混為一談，即雖有拒絕證書作成之免除，而仍應為此項通知，亦即此項通知，並不因之而亦免除也。

5.通知之障礙　本法九二條一項規定：「因不可抗力，不能於第八十九條所定期限內將通知發出者，應於障礙中止後四日內行之」。所謂不可抗力，指天災事變致交通斷絕，而非人力所能抗拒之情形而言，於此種情形下，不為通知，非執票人之過失，故法律乃准許於障礙中止後四日內行之。然若逾此四日而不為通知者，自仍負不通知之責任。又同條二項規定：「證明於第八十九條所定期限內已將通知發出者，認為遵守通知期限」，此亦採發信主義應有之結果也。

6.怠於通知之效果　拒絕事實之通知既為執票人之義務，如執票人怠於履行此項義務時，則如何？本法九三條規定：「不於第八十九條所定期限內為通知者，仍得行使追索權，但因其怠於通知發生損害時，應負賠償之責，其賠償金額不得超過匯票金額」，即通知並非追索權行使之要件，雖不通知亦無妨行使追索權，只是怠於通知致對方發生損害時，通知義務人應負有限度（不超過匯票金額）之賠償責任而已。

三、回頭匯票之發行

（一）**回頭匯票之意義**　回頭匯票者乃追索權人因行使追索權向償還義務人所發行之一種匯票，此種匯票之發行乃行使追索權之一種特殊的方法，蓋為遠隔兩地（尤其於國際間）之追索者而設也。

（二）**回頭匯票之當事人**　本法一〇二條一項本文規定：「有追索權者，得以發

票人或前背書人之一人或其他票據債務人為付款人，向其住所所在地，發見票即付之匯票」。可知此種匯票之當事人如下：

1.發票人 此匯票之發票人須為追索權人，主要指原匯票之執票人及背書人而言。

2.付款人 此匯票之付款人，須為償還義務人。如原匯票之發票人，背書人，或其他票據債務人是。

3.受款人 此匯票之受款人，法無規定，以追索權人自己或他人充之，均無不可，於發票時由發票人斟酌情形，記載或不記載之。

㈢**回頭匯票發行之要件** 回頭匯票之發行，須合乎下列要件：

1.須當事人無相反之約定 回頭匯票之發行，依本法一〇二條一項但書規定：「有相反約定時，不在此限」。故其發行須當事人間無相反之約定始可，此乃其消極的要件，至法律上所以許為相反之約定者，以此種匯票之發行，對於償還義務人亦屬不利也（詳下述）。

2.須付款地為償還義務人之住所所在地 回頭匯票之付款地，須為償還義務人之住所所在地（本法一〇二條一項本文），以免付款時輾轉周折，而增加費用也。

3.須為見票即付之匯票 回頭匯票須為見票即付之匯票，蓋一則係追索權之行使，不容再事遷延，一則如以之貼現時，則他種到期日之匯票，貼現率較高也。

4.回頭匯票之金額須依法定 本法一〇二條二項規定：「前項匯票之金額，於第九十七條及第九十八條所列者外，得加經紀費及印花稅」，即此項匯票之發行，如係執票人之第一次追索時，則其金額依九十七條之所定，並加列經紀費（發行回頭匯票所生之手續費）及印花稅，如係背書人之再追索時，則其金額即應依九十八條之所定，然後再加經紀費及印花稅。

惟原匯票付款地與回頭匯票付款地因匯票市價之關係，而上述之金額須加以換算時，則其標準如何？依本法一〇三條一項規定：「執票人依第一百零二條

之規定發匯票時，其金額依原匯票付款地匯往前手所在地之見票即付匯票之市價定之。」此係執票人之第一次追索時，應採取之標準，至背書人之再追索，依本法一〇三條二項規定：「背書人依第一百零二條之規定發匯票時，其金額依其所在地匯票往前手所在地之見票即付匯票之市價定之」，所以如此者，執票人以在原匯票付款地現實取得應得之款為原則，至因市價漲落而生之損益，應統歸被追索之前手負擔也。

　　以上係回頭匯票發行之要件，此種匯票既係行使追索權之一種手段，因而必須將原匯票償還計算書及拒絕證書一併附隨之，自不待言。

　　㈣回頭匯票發行之實益　追索權之行使，若追索權人與追索義務人遠地相隔者，則追索與清償往往需費周折，而遷延時日，影響所及，追索權人不利執甚，此際若以發行回頭匯票之方法為之，則追索權人或可就地（原匯票付款地）向銀行貼現，或可以之清償債務（如清償與償還義務人同地之債權人之債務），最為便利，故回頭匯票之制度，各國法律多以明文認許之（日內瓦統一票據法及日本手形法五二條、法商法一七二條、德票據法五三條、英票據法五七條）。

第四款　追索權之效力

一、及於追索權人之效力

　　因本法九六條一項有：「發票人、承兌人、背書人及其他票據債務人，對於執票人連帶負責」之規定，故追索權人行使追索權時，乃有下列之效力。

　　㈠**選擇追索權**　本法九六條二項規定：「執票人得不依負擔債務之先後，對於前項債務人之一人或數人或全體行使追索權」，是為選擇追索權，亦即追索權之飛越效力。

　　㈡**變更追索權**　本法九六條三項規定：「執票人對於債務人之一人或數人已為追索者，對於其他票據債務人，仍得行使追索權」，是為變更追索權之變更效力或轉向效力。

　　㈢**代位追索權**　本法九六條四項規定：「被追索者已為清償時，與執票人有

同一權利」，是為代位追索權，亦即追索權之代位效力。

二、及於償還義務人之效力

(一)**連帶責任**　本法九六條一項規定：「發票人、承兌人、背書人及其他票據債務人，對於執票人連帶負責」，是為償還義務人之連帶責任，此種連帶責任與民法上之連帶責任不同（日學者特稱之為「合同責任」），茲將其重要之不同處，列舉兩點如下：①民法上之連帶債務，因連帶債務人中之一人全部清償，他債務人亦同免除其責任（民法二七四條）；而此之連帶債務，除承兌人之付款外，其他償還義務人之償還，僅能免除其本人及其後手之責任，其前手及承兌人之責任，卻不能因之而免除。易言之，已為償還之人仍可再追索也。②民法上之連帶債務人中之一人，對於債權人有債權者，以該債務人應分擔之部分為限，得主張抵銷（民法二七七條），而此之連帶債務，其債務人既無應分擔之部分，自不得為此種抵銷之主張也。

(二)**匯票償還計算書及拒絕證書之交付請求權**　本法一○○條一項規定：「匯票債務人為清償時，執票人應交出匯票。有拒絕證書時，應一併交出」。匯票債務人為前項清償，如有利息及費用者，執票人應出具收據及償還計算書（本法一○○條二項）。此雖從執票人方面為規定，但在償還義務人方面觀之，則具有此項交付請求權也明矣。惟此僅指全部追索而為全部償還之情形而言，若對一部追索而為一部償還時，則如何？依本法一○一條規定：「匯票金額一部分獲承兌時，清償未獲承兌部分之人，得要求執票人在匯票上記載其事由，另行出具收據，並交出匯票之謄本及拒絕承兌證書」。所謂得要求執票人在匯票上記載其事由，因執票人尚須保存該匯票，以便於到期日向承兌人請求該承兌部分之付款，故只能要求其記載已為償還之事由也。所謂收據，即受領一部償還之收據。所謂匯票之謄本，詳後述。所謂拒絕承兌證書，即指依本法八六條一項規定所作之拒絕證書而言。又此之所述乃一部承兌一部追索時之情形，若一部付款一部追索時，則執票人仍應交出匯票，自不待言。

(三)**背書塗銷權**　本法一○○條三項規定：「背書人為清償時，得塗銷自己及

其後手之背書」，是為償還義務人之背書塗銷權。所以如此者，因已為償還之背書人及其後手，均免責任，其背書非惟無再繼續留存於匯票上必要，且如不塗銷，而匯票萬一落入善意人之手時，則難免遭意外之追索也。

第五款　追索權之喪失

追索權除因消滅時效之完成而消滅外，亦因保全手續之欠缺而喪失，就此本法設有規定如下：

㈠**因不遵法定期限之喪失**　本法一〇四條一項規定：「執票人不於本法所定期限內為行使或保全匯票上權利之行為者，對於前手喪失追索權」，即不遵法定期限，為追索權喪失原因之一，此之喪失指對於一切前手均歸喪失（絕對的喪失）而言。至所謂法定期限，不外為承兌之提示期限，付款之提示期限，及拒絕證書之作成期限等是也。惟執票人雖違背法定期限，亦有不喪失追索權者，如違背拒絕事實通知期限（本法九三條）是，蓋拒絕事實之通知，非追索權保全或行使之要件也。

㈡**因不遵約定期限之喪失**　本法一〇四條二項規定：「執票人不於約定期限內，為前項行為者，對於該約定之前手喪失追索權」。即不遵約定期限，亦為追索權喪失原因之一，不過此之喪失，僅對於該約定之前手喪失（相對的喪失）而已，對於其他之前手仍不喪失，此點與前項所述者不同，至所謂約定期限，如發票人或背書人所指定之承兌期限（本法四四條），發票人依特約縮短或延長之承兌或付款提示期限（本法四五條二項、六六條二項）均是。惟發票人所指定之禁止請求承兌期限（本法四四條二項），雖不遵守亦不喪失追索權，僅於該期限內遭受承兌拒絕時，不得為到期前之追索而已。

由上述兩點可知無論法定期限與約定期限，執票人均須遵守，否則喪失追索權，而蒙受不利，然斯亦僅限於執票人能遵守而不遵守之情形而已。若執票人於事實上確無法遵守時，自不能一概使之喪失追索權，否則未免過苛，因而本法一〇五條乃定有救濟辦法，即該條一項規定：「執票人因不可抗力之事變，

不能於所定期限內為承兌或付款之提示，應將其事由，從速通知發票人背書人及其他票據債務人」。至於此項通知之期限如何？方法如何？依同條二項規定：「第八十九條至第九十三條之規定，於前項通知準用之」，即準用拒絕事實通知之規定是也，準用之結果：①執票人應於不能為承兌或付款提示之日後四日內，對於背書人發票人及其他匯票債務人，將因不可抗力之事變而不能遵期為承兌或付款提示之事由通知之；②背書人應於收到前項通知後四日內通知其前手；背書人未於票據上記載住所或記載不明時其通知對背書人之前手為之；③發票人背書人及匯票上其他債務人，得於上述之通知期限前免除執票人通知之義務；④通知得用任何方法為之，但主張於上述期限內曾為通知者，應負舉證之責，付郵遞送之通知，如封面所記被通知人之住所無誤，視為已經通知；⑤因不可抗力不能於上述期限內將通知發出者（如應發通知之人其住所地發生事變，與外地交通斷絕，無法向該應受通知之人發送通知），應於障礙中止後四日內行之；⑥不於上述期限內為通知者，仍得行使追索權，但因其怠於通知發生損害時，應負賠償之責，其賠償金額不得超過匯票金額。

因不可抗力之事變，雖不能於所定期限內為承兌或付款提示者，僅發生上述之通知義務而已，其追索權並不因之而喪失，然則通知後又將如何解決？此可分下列兩點述之：

1.**期限當然延長**　本法一〇五條三項規定：「不可抗力之事變終止後，執票人應即對付款人提示」。即承兌或付款之提示期間，在不可抗力之事變存在期間，當然隨之延長，直至該項事變終止後。執票人始應為提示，如遭受拒絕者，仍應依規定作成拒絕證書，始能追索，自不待言。

2.**追索權得逕行使**　本法一〇五條四項規定：「如事變延至到期日後三十日以外時，執票人得逕行使追索權，無須提示或作成拒絕證書」，所以保護執票人也。然此係指有確定到期日之匯票而言，若匯票之到期日須待提示後始能確定者，則如何？依同條五項規定：「匯票為見票即付或見票後定期付款者，前項三十日之期間，自執票人通知其前手之日起算」，即以執票人依同條一項規定為通

知之日為假定的到期日，而自該日起事變延至三十日以外時，執票人得逕行使追索權，亦無須提示或作成拒絕證書。

上述之得逕行使追索權乃執票人之權利，亦即執票人因三十日期間之經過，即取得無須提示或作成拒絕證書，而得行使追索權之地位，故執票人雖未於三十日期間經過後，即刻行使追索權，而仍俟事變終止後始行使追索權者，亦無不可。斯時當然不必再為提示或作成拒絕證書也。不過仍須受消滅時效期間之限制，自不待言。

第十一節　拒絕證書

一、拒絕證書之意義

拒絕證書者乃證明執票人曾經依法行使票據權利，而未達目的，或無從行使票據權利之要式的公證書也。析述之如下：

㈠**拒絕證書者要式的公證書也**　此可分三點言之，即①拒絕證書係證書，而非證券，只能證明事實，而不能表彰權利；②拒絕證書係公證書，而非私證書，故必須由法定機關（後述）作成，而不能由私人製作；③拒絕證書係要式的證書，其記載事項，法有規定，而不能隨意為之。

㈡**拒絕證書者證明執票人曾經依法行使票據權利或無從行使票據權利之證書也**　拒絕證書之作用，在乎證明執票人曾經依法行使票據權利，例如執票人曾遵期為承兌，或付款之提示，或曾向參加承兌人或預備付款人為參加付款之提示（本法七九條），或曾經請求交還複本或原本（本法一一七條二項、一一九條二項）等均是，此等事實，均須以拒絕證書證明之。又無從行使票據權利（本法八六條一項），亦須以此證書證明之。

㈢**拒絕證書者證明執票人未達行使票據權利目的之證書也**　執票人行使票據權利，如已達目的，固無需再事證明，必也其行使票據權利，未達目的（如不獲承兌，不獲付款），或無從行使票據權利（當然更不能達成目的），始需證明，而藉以進行追索，此種證明須以拒絕證書為之。易言之，拒絕證書為唯一

之法定證據，不准以其他之人證或本法規定以外之物證代替之。

其次應附述者為：①行使權利未達目的或無從行使權利之事實，何以須由執票人負責舉證？②舉證又何必限於以拒絕證書為之？就①言之，因追索權係第二次的權利，非先有不獲承兌或不獲付款等事實，則不得行使，因而執票人之行使追索權也，必須主張有此等事實之存在，既須主張有此事實之存在，故應負舉證責任。就②言之，在一般舉證，以人證物證均無不可，但在票據上則為期執票人行使追索權之順利，易於獲償，同時使被追索人履行債務之安心，不虞詐偽起見，乃特別規定須以拒絕證書為之，蓋拒絕證書為要式證書，其記載之事項，自必明顯而易曉，又為公證證書，其所記載者，自亦必確實而可信也。

二、拒絕證書之種類

拒絕證書，因其證明事實內容之不同，可分為下列各類：

(一)**拒絕付款證書** 拒絕付款證書，亦稱付款拒絕證書，有全部付款拒絕證書與一部付款拒絕證書（本法八六條一項）之分，此種拒絕證書，各種票據均有之。

(二)**拒絕承兌證書** 拒絕承兌證書，亦分全部拒絕承兌證書與一部拒絕承兌證書（本法八六條一項）兩者，此種拒絕證書，惟匯票有之。

(三)**拒絕見票證書** 拒絕見票證書，亦稱見票拒絕證書（本法一二二條三、四項），惟本票有之。

(四)**拒絕交還複本證書** 拒絕交還複本證書（本法一一七條三項），惟匯票有之，其他票據則無有。

(五)**拒絕交還原本證書** 拒絕交還原本證書（本法一一九條三項），為匯票與本票所共有，而支票則無。

除上列之五種外，執票人無從為承兌或付款之提示時，亦應作成拒絕證書（本法八六條一項），但斯二者似仍可分別稱為拒絕承兌證書或拒絕付款證書，而無須另立名稱。又參加付款之拒絕，固亦須以拒絕證書證明之，但此僅記載

於拒絕付款證書之中即可（本法七九條二項），無須另作獨立之拒絕證書也。

三、拒絕證書之作成

(一)**作成機關** 本法一〇六條規定：「拒絕證書，由執票人請求拒絕承兌地或拒絕付款地之法院公證處、商會或銀行公會作成之」。即拒絕證書作成之請求人為執票人，作成機關為法院公證處、商會或銀行公會❸。惟此等機關，究係以何地者為準，原則上拒絕承兌證書應於拒絕承兌地，拒絕付款證書應於拒絕付款地之上述各機關為之，但例外若有本法二〇條末段所定之情形時，亦得在該為調查之法院公證處、商會或其他公共會所作成之，以上所述為法定處所，此外當事人亦得依合意定其處所（如約定在發票人住所地之法院公證處作成），是為意定處所，亦屬於一種例外。

(二)**作成期限** 拒絕證書之作成期限，見於本法八七條，此已於追索權節中述之矣，茲不再贅。

(三)**記載事項** 本法一〇七條規定：「拒絕證書應記載左列各款，由作成人簽名，並蓋作成機關之印章」。由作成人簽名者，表示負責也；加蓋作成機關之印章者，表示其為公證書也。至所謂左列各款如下：

1.**拒絕者及被拒絕者之姓名或商號** 拒絕者，指被請求之人而言，如付款人、承兌人是；被拒絕者，指為請求之人而言，如執票人或其代理人是。拒絕者及被拒絕者，如係個人則記載其姓名，如係商店則記載其商號，如係其他團體則記載其名稱，此項之所以記載者，表明當事人之正當也。

2.**對於拒絕者雖為請求未得允許之意旨，或不能會晤拒絕者之事由或其營業所住所或居所不明之情形** 此可分三點言之：①對於拒絕者雖為請求未得允許之意旨：例如記明執票人曾為承兌、付款或參加付款之提示；或曾為交還複

❸ 英票九四條：「凡未能兌現之匯票或本票經授權或被請求作成拒絕證書，而於票據未能兌款地，無法獲得公證人之證明者，該地之任何戶長或有資產之居民，連同二人見證人之在場，得由彼三人簽名出具證書，以證明票據之未能兌現，該項證書應視為票據之正式拒絕證書而全面適用之」。

本或原本之請求，而對方未為照辦是；②不能會晤拒絕者之事由：例如記明付款人，或承兌人死亡、逃避或其他原因無從為承兌或付款之提示是；③營業所、住所或居所不明之情形：記明此項所以表明於為調查之法院公證處、商會或其他公共會所作成拒絕證書之合法也（本法二○條末段）。

因而依本法施行細則一一一條規定：「有製作拒絕證書權限者，於受作成拒絕證書之請求時，應就本法第一百零七條第一項第二款之拒絕事由，即時為必要之調查。」以便公證。

3.為前款請求或不能為前款請求之地及其年月日　此可分兩點言之：①為前款請求之地及其年月日：即對於拒絕者曾為請求之地，此地應為票據上所記載之地，而其年月日須為實際請求之年月日，並非拒絕證書作成之年月日；②不能為前款請求之地及其年月日：不能為前款請求者，則其不能請求之地及年月日，亦應記載之。以上二點所以記載者，在表明是否於適法之地點，於適法之時間，為請求或不能為請求也。

4.於法定處所外作成拒絕證書時當事人之合意　所謂法定處所，指拒絕承兌或付款地及本法二○條末段所列之地而言，於法定處所外作成拒絕證書時，經當事人之合意，固無不可，然必須將該項合意之內容記明之，否則其拒絕證書不為合法也。

5.有參加承兌時或參加付款時，參加之種類及參加人並被參加人之姓名或商號　按參加付款須於拒絕付款證書內記載，本法八二條一項已有明定，於此重為規定，不過與該條前後呼應而已，至參加承兌前此雖無規定，然於此既有規定，自應遵照記載之。

6.拒絕證書作成之處所及其年月日　記載此項，所以表明拒絕證書係於適法之處所及適法之時期所作成，俾不致有所疑問也。

㈣記載方法　拒絕證書應於何處記載？另備用紙歟？抑就匯票上為之歟？法不能無規定，此可分下列各項述之：

1.付款拒絕證書　本法一○八條一項規定：「付款拒絕證書，應在匯票或其

黏單上作成之」。即付款拒絕證書應在匯票本身或其黏單上作成，但匯票有複本或謄本時則如何？同條二項規定：「匯票有複本或謄本者，於提示時僅須在複本之一份或原本或其黏單上作成之，但可能時，應在其他複本之各份或謄本上記載已作成拒絕證書之事由」，即①匯票有複本者（複本亦為匯票之本身，並非副本，複本以三份為限，其詳均後述之）。雖僅在複本之一部份或其黏單上作成即可，但可能時（如各份一併提示時），應在其他複本之各份上，記載已作成拒絕證書之事由，以資聯繫，②匯票有謄本者，僅須在原本（原本對謄本而言，即匯票之本身是也）或其黏單上作成之，但可能時（如匯票與謄本一併提示時），應在謄本上記載已作成拒絕證書之事由，以資聯繫。

2.付款拒絕證書以外之拒絕證書　本法一〇九條規定：「付款拒絕證書以外之拒絕證書，應照匯票或其謄本作成抄本，在該抄本或其黏單上作成之」，所謂付款拒絕證書以外之拒絕證書指拒絕承兌證書（本票之拒絕見票證書亦準此）及拒絕交還複本證書而言。至拒絕交還原本證書，因另有規定如次項所述，故不在此限。此等拒絕證書之作成，應先照匯票作成抄本，或照匯票之謄本作成抄本，然後在各該抄本或其黏單上作成之，所以如此者，因執票人有時（如有人參加承兌）需要使該匯票繼續流通也。

3.拒絕交還原本證書　本法一一〇條規定：「執票人以匯票之原本請求承兌或付款而被拒絕，並未經返還原本時，其拒絕證書，應在謄本或其黏單上作成之」。蓋原本既未經返還，則無論為拒絕承兌或拒絕付款，其拒絕證書自應於謄本或其黏單上作成也。

綜據上述可知拒絕證書因其種類之不同，而其記載之處所亦異。在匯票本身（有複本時在複本之一）或其黏單上作成者有之，如上述 1.；在匯票或謄本之抄本或其黏單上作成者有之，如上述 2.；在匯票之謄本或其黏單上作成者又有之，如上述 3.，然而無論何者，依本法一一一條一項規定：「拒絕證書應接續匯票上、複本上或謄本上原有之最後記載作成之」。又同條二項規定：「在黏單上作成者並應於騎縫處簽名」，凡此均為防止弊端而然也。

㈤**作成份數** 本法一一二條規定：「對數人行使追索權時，只須作成拒絕證書一份」。可見不獨拒絕承兌證書作成後無須再作拒絕付款證書（本法八八條），即對於數人行使追索權時，亦只須作成一份拒絕證書即可，否則即不免增加煩累及費用矣。

㈥**拒絕證書之抄存** 本法一一三條一項規定：「拒絕證書作成人，應將證書原本交付執票人，並就證書全文另作抄本存於事務所，以備原本滅失時之用」，此乃一種訓示規定，作成人自應遵辦，依同條二項規定：「抄本與原本有同一之效力」，蓋二者既均為作成人所作，其效力自應同一。又依本法施行細則一二條規定：「依本法第一百十三條之規定抄存於作成人事務所之拒絕證書，應載明匯票全文」，以便日後之查考。

四、拒絕證書之效力

拒絕證書係票據法上對於執票人未達行使權利目的之事實之唯一的證據，故具有較強之證明效力，自不待言。惟此並非絕對的證據，其理由：①拒絕證書雖證明效力較強，然究屬於一種證明而已，相對人如提出反證，自仍非不可推翻；②拒絕證書有時可以免除，有時可用其他方法代替。由此觀之，拒絕證書並非絕對的證據也明矣。

第十二節　複本及謄本

第一款　複　本

一、複本之意義

複本者就單一匯票關係，所發行之數份證券也[40]，此數份證券，每份皆謂之複本，其發行時間，容或有先有後，但各份相互間並無正副主從之關係，則

---

[40] 複本在英票法稱為「成套匯票」(Bill in a set)，只有匯票可發行，本票支票均不准發行。該法七一條一項規定：「凡發行成套匯票者，該套匯票之每份均應編號，並應包括一項索引，以便與其他部份參照。各部份總合形成一個匯票」。

不可不注意，因而複本與次款所述之謄本不同，謄本有原本之問題，複本中並無原本之名詞，如勉強用之，則各份皆可謂之原本也。又複本惟匯票具有，其他票據則無。

二、複本之種類

(一)**安全複本與便利複本**　複本以其發行目的之不同，可分為安全複本與便利複本兩種，前者係為防備票據喪失而發行，後者係為便利票據流通而發行。蓋票據權利之行使，以提示證券為必要，萬一證券喪失（或遲到），則其權利之行使即暫時受阻，此際倘已作成數份證券者，則雖喪失其一（或兩券分途寄遞，一份遲到），尚有他份，可資利用，可謂安全，故此種複本謂之安全複本或寄遞複本。其次付款人之住所距執票人之住所較遠時，則為提示承兌而送出匯票，往返需費時日，於此期間即足以妨礙該匯票之流通，不便莫甚，此際倘有複本在手，自可以一份送請承兌，以他份為背書而轉讓，於是上述之不便可以除去，故此種複本，謂之便利複本。

(二)**承兌複本與流通複本**　複本以其利用方法之不同，又可分為承兌複本與流通複本兩種，前者為提示承兌而送出，故亦稱送出複本；後者當前者送出之後，可以背書而轉讓，便於流通，故名為流通複本。

複本雖可分類如上述，但斯僅屬於學者在說明上所用之名詞而已，至其法律上之性質，則並不因此而有何區別也。

三、複本之發行

(一)**發行之程序**　複本除發票人發票伊始，即同時發行數份外，嗣後需要時，臨時由執票人請求發行者多有之，依本法一一四條一項規定：「匯票之受款人得自負擔費用，請求發票人發行複本；但受款人以外之執票人請求發行複本時，須依次經由其前手請求之，並由其前手在各複本上為同樣之背書」。此可分下列各點述之：

1.發行請求人　複本發行請求人為執票人（包括受款人及以外之執票人），亦即執票人有請求發行複本之權。

2.**發行人** 複本發行人為原發票人，他人不得為之，蓋發行複本亦係發票行為也。

3.**發行之手續** 複本發行之手續，因請求之人係原受款人，抑為受款人以外之執票人而異。申言之：①請求人如為原受款人時，則可逕向發票人請求發行，別無其他手續。②請求人如為受款人以外之執票人時，則須向自己之直接前手請求，而遞次至於發票人；發票人照其所需份數，製成複本，交與第一次之背書人，而依此遞轉至於請求人。此一往返程序，不惟各背書人有協力之義務，且於返遞之際，各背書人均應在各份複本上為與原背書同樣之背書。所以如此者，各份複本除編號不同外，其形式均應同一也。至於請求與發行之時期，法律上別無限制。

4.**發行之費用** 發行之費用應由請求人負擔，即受款人請求者應自負擔其費用；其他之執票人請求者，則應由該執票人負擔之。

(二)**複本之款式** 本法一一五條規定：「複本應記載同一文句，標明複本字樣，並編列號數，未經標明複本字樣並編列號數者，視為獨立之匯票」（立法例參照㉟），此可分下列各點述之：

1.**應記載同一文句** 複本雖有數份，但只是同一匯票之複製而已，故各份複本上所記載之文句，均應同一，不可分歧，至其用紙之大小，彩色之淺深，是否一致，則可不問。

2.**應標明複本字樣並編列號數** 複本應標明複本字樣，並編列號數，以資識別，例如標明「第一號匯票」、「第二號匯票」、「第三號匯票」或「複本之一」、「複本之二」、「複本之三」，均無不可，惟如標明「三份複本之一」、「三份複本之二」、「三份複本之三」，則不但可以表明複本字樣及其號數，且萬一各份分離時，亦可以查知發行複本之份數，費字無多，便利不少。

(三)**複本之份數** 本法一一四條二項規定：「前項複本以三份為限」，所謂三份，連最初發行之一份亦包括在內，並非最初發行之一份謂原本，然後再發行三份複本也。複本之發行限於三份者，所以杜其濫，而妨其弊也。

四、複本之效力

　　欲知複本之效力，須先說明複本之「一體性」及其「獨立性」。所謂複本之一體性亦為複本之一體效力，即複本雖有數份，但只是一個票據關係，故就其一份所為之行為，其效力亦及於他份（如就一份承兌，他份即不必再承兌，就一份付款，他份亦均失效）是也。所謂複本之獨立性亦為複本之獨立效力，即各份複本均為完全的匯票，各得單獨表彰該單一的票據關係，故一旦分開，每份均可獨立的發揮其效用是也。複本雖以發生一體效力為原則，以發生獨立效力為例外，但如僅有一體效力而無獨立效力時，則不惟有時不能發揮其機能，轉失發行複本之意義，且有時難免貽害於善意人，足以妨礙交易之安全，故其獨立效力亦不可不重視也。複本之一體效力及獨立效力，於承兌、付款、轉讓及追索上見之，茲分項述之如下：

　　㈠**複本對於承兌之效力**　執票人請求承兌時，僅提示複本一份即可，而承兌人於承兌時亦僅在該一份上為之為已足，此時執票人即不得以他份未經承兌為理由，而於期前行使追索矣。又承兌人對於複本之全份均予承兌時，對於該請求承兌之執票人亦只須負一個付款責任，凡此皆複本一體性之表現也。其次複本全份如均經承兌，而一旦分離，入於善意人之手，則承兌人仍應對之分別負責（參照下項所述），是又複本獨立性使然也。

　　㈡**複本對於付款之效力**　本法一一六條本文規定：「就複本之一付款時，其他複本失其效力」。是乃複本獨立性中兼有一體性矣。蓋就其複本之一可以付款為其獨立性之表現，而就其一付款後，其他複本失效者，則又其一體性之表現也。其次依同條但書規定：「承兌人對於經其承兌，而未收回之複本應負其責」[41]。此乃複本獨立性使然。適用此規定，應具備之要件為：①須為已經承

---

[41]　英票據法七一條五項：「凡成套匯票之承兌人付款時，未要求收回載有其承兌意旨之部份，而該部份於到期日仍由匯票善意執票人持有者，該承兌人應對執票人就其持有之部份負責」。同條六項：「依照前述各項規定，凡成套匯票中之任何一部份經由付款或其他方式而消滅者，全套匯票即告消滅」。

兌之複本，②須為未收回之複本。易言之，如未經承兌之複本，雖未收回亦無妨礙；雖經承兌之複本，若已收回，亦不必再行負責也。例如複本三份均經承兌，付款時全部收回固好，若僅收回一份或二份，則對於未收回之他份，仍應負責。又如複本三份，只經承兌一份，付款時全部收回固可免責，僅收回該承兌之一份，亦可免責，然若所收回者非承兌之一份，而係未經承兌之他份時，則對於經其承兌而未收回之一份，仍不能免責。不過以上兩例所謂不能免責，僅對於善意取得人負責而已，若已為受領之人，再提出未經承兌之他份，亦不能重複請求付款，因此時付款人自可對之為惡意之抗辯也。

　　㈢**複本對於轉讓之效力**　複本於轉讓時，以一併轉讓於同一人為原則，此時在各份上如均為背書固佳，即只就一份為背書，他份隨同交付，亦可完全發生轉讓之效力（一體性）。惟如因提示承兌送出複本之一，而不能一併交付時則如何？依本法一一七條一項規定：「為提示承兌送出複本之一者，應於其他各份上載明接收人之姓名或商號及其住址」，俾受讓人得逕行向之請求交還。因此同條二項所以又有：「匯票上有前項記載者，執票人得請求接收人交還其所接收之複本」之規定，以揭明斯旨。

　　複本既以一併轉讓為原則，但背書人竟分別轉讓時，則應發生何種效果？依本法一一六條二項規定：「背書人將複本分別轉讓於二人以上時，對於經其背書而未收回之複本，應負其責」❷。茲圖示其情形如下：

---

❷　英票法七一條二項：「成套匯票之執票人將匯票兩個以上之部份，背書於不同之人時，該執票人應對某一部份負其義務，其後手之背書人僅就其本身背書之部份負其義務，而視該部份為單獨之匯票」。

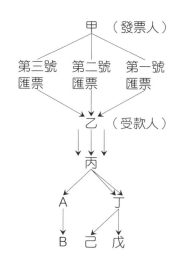

上圖背書人丙將三份複本分別以兩份轉讓與丁，以一份轉讓與 A；而丙之後手丁，亦將其原受讓之兩份分別轉讓於戊己二人各一份，而 A 則轉讓於 B，此時丙應負兩個責任，即除對於執票人 B 負責外，並對戊或己二人中之一人負責；而丁亦應負兩個責任，即對於戊及己負責，至 A 則僅對於 B 負責，自不待言。複本原為一個票據關係，法律上所以使丙、丁各負兩者責任者，因當其分別轉讓時，必已分別取得對價，故特使各該複本表現其獨立性也。

㈣複本對於追索之效力　本法一一六條三項本文規定：「將複本各份背書轉讓與同一人者，該背書人為償還時，得請求執票人交出複本之各份」。可見不獨票據轉讓時以交付複本全份為原則，即票據追索時，亦以交出複本全份為原則，對此原則有下列之例外：

1.執票人已立保證或提供擔保時　本法一一六條但書規定：「執票人已立保證，或提供擔保者，不在此限」，即執票人雖未交出複本之各份，但已覓得人保，或提供物保時，該背書人仍須償還也。蓋追索時為償還之背書人所以有權請求交出複本全份者，因不如是則不知情之前手，勢難免對於他份亦為償還，斯時其自己之追索權即無從行使矣，今執票人既覓供擔保，則該背書人即無慮有斯種不利之發生，故雖不交出複本各份，亦不得不償還也。

2.執票人提出拒絕交還複本證書時 為提示承兌送出複本之一者，事後執票人得請求接收人交還，前已言之，然依本法一一七條三項規定：「接收人拒絕交還時，執票人非以拒絕證書證明左列各款事項，不得行使追索權：一、曾向接收人請求交還此項複本而未經其交還。二、以他複本為承兌付款之提示，而不獲承兌或付款」。即接收人拒絕交還複本時，執票人應作成拒絕交還複本證書，然僅如此，尚不能行使追索權，必須更以他份複本為承兌或付款之提示，而仍遭拒絕，並作成拒絕承兌或付款證書者，始得行使追索權。不過拒絕交還複本證書與拒絕承兌證書，或與拒絕付款證書，合併為一個證書，而不另行分別作成，亦無不可。由於上述，可知執票人遇有承兌人之拒絕交還複本之情形，於追索時自可僅提出拒絕交還複本證書，而不必交出全份複本也。

其次拒絕付款證書，僅須在複本一份上作成，但可能時應在其他複本之各份上記載已作成拒絕證書之事由（本法一○八條二項），前已言之，若上述之情形，接收人既拒絕交還複本，則於他複本上作拒絕證書時，即不能在拒絕交還之複本上，記載其事由矣，斯應注意。

第二款　謄　本

一、謄本之意義

謄本俗稱草票，乃匯票之謄寫本也。被謄寫之匯票，對謄本言之，則為原本。謄本不獨匯票有之，本票亦有之，惟支票則無。謄本與複本不同，謄本並非匯票，僅為匯票之補充，其作成之目的，在乎助長票據之流通（本票之謄本，可為防備票據喪失之用），故匯票之謄本僅能於原本提示承兌時，供背書或保證之用，雖於一定條件下，亦可以之行使追索權，但絕不能以之提示承兌或付款也。故謄本之效用，較複本相去甚遠，通常有複本時，即無須再作成謄本。

二、謄本之作成

㈠**作成人** 本法一一八條一項規定：「執票人有作成匯票謄本之權利」。可知謄本之作成人為執票人，與複本之須由發票人發行者不同，此之所謂執票人，

當然包括受款人及其他執票人而言。

(二)**作成款式**　本法一一八條二項規定：「謄本應標明謄本字樣，謄寫原本上之一切事項，並註明迄於何處為謄寫部份」。此可分下列三點述之：

1.**標明謄本字樣**　標明謄本字樣者，使人一望即知其為謄本，而不致誤為匯票之偽造。

2.**謄寫原本上之一切事項**　謄本須將原本上之一切事項，悉予謄寫，不僅發票人所為之記載，背書人保證人等所為之記載，亦應一併照錄，使其內容與原本完全相同。

3.**註明迄於何處為謄寫部份**　例如註明「謄寫完了」「以上為謄寫部份」或「以上為原本之事項」等字樣均可，學者稱此為「境界文句」或「終止文言」，蓋非如此，則謄寫前之記載，與謄寫後之記載無法區別也。

此外依本法一一八條三項規定：「執票人就匯票作成謄本時，應將已作成謄本之旨，記載於原本」俾資連繫。至於謄本作成之份數，法無限制（日學者多主張以一份為限，參照竹田省：手形法小切手法二〇四頁），執票人如有必要，自可斟酌為之，蓋謄本若不伴隨原本，原無多大效用，不虞其發生弊端也。

三、謄本之效力

(一)**背書或保證**　本法一一八條四項規定：「背書及保證亦得在謄本為之，與原本上所為之背書及保證有同一之效力」，即在因提示承兌而送出原本時，可利用謄本為轉讓而於其上為背書，俾無礙乎匯票之流通；至於保證亦得在其上為之（並請參照本法五九條一項），以謀便利。在謄本所為之背書與保證，其效力與在原本上所為者相同。

(二)**追索**　追索原則上只能以原本為之，執票人不得僅以謄本行使追索權，故本法一一九條一項乃規定：「為提示承兌送出原本者，應於謄本上載明原本接收人之姓名或商號及住址」，同條二項復規定「匯票上有前項記載者，執票人得請求接收人交還原本」，俾仍將謄本併入原本，以行使追索權。

然若接收人拒絕交還原本時，則執票人亦得依本法一一九條三項之規定，

僅以謄本行使追索權,是為例外,按該項之規定為:「接收人拒絕交還時,執票人非將曾向接收人請求交還原本,而未經其交還之事由,以拒絕證書證明,不得行使追索權」。可知執票人作成「拒絕交還原本證書」(此證書應於謄本或其黏單上作成之,本法一一〇條),雖無原本,亦可僅憑謄本行使追索權矣。又拒絕交還原本證書作成後,勿須再作拒絕承兌或付款之證書,此點與前述拒絕交還複本時,仍須作成拒絕承兌或付款證書者不同,蓋此時原本既經扣留,執票人即無法再為承兌或付款之提示,自亦別無所謂拒絕承兌或付款之問題,故不能不許其僅作成拒絕交還原本證書,即可以憑謄本而進行追索也。此項追索權行使之對象,依日本手形法六八條二項規定,僅以在謄本上為背書或保證者為限,本法無斯種限制,解釋上自難從同,否則因原本之拒絕交還,即等於免除一部份票據債務人(於原本上為背書或保證者)之償還義務矣,似不為妥也。

四、謄本與複本之比較

謄本與複本均為票據之複製,二者相似之點不少,茲為期易於區別起見,列表比較如下:

名稱	意　義	發　行(或製作)				適用票據	其　　他
		發行人	目　　的	份數	款　　式		
複本	就單一票據關係所發行之數份證券	發票人	防備票據喪失助長票據流通	以二份為限	1.記載同一文句 2.標明複本字樣 3.編列號數	匯票	可在其上作成拒絕付款證書
謄本	票據之謄寫本	執票人	助長票據流通	法無限制	1.謄寫原本上一切事項 2.標明謄本字樣 3.註明迄於何處為謄寫部份	匯票及本票	可在其上作成拒絕交還原本證書

》第三章　本　票《

第一節　總　說

一、本票之意義

　　本法三條規定：「稱本票者謂發票人簽發一定之金額，於指定之到期日，由自己無條件支付與受款人或執票人之票據」，茲依此析述本票之意義如下：

　　㈠**本票者票據也**　此點與匯票支票相同，而與其他證券有所區別。

　　㈡**本票者由發票人自己支付之票據也**　此為本票之特點，亦即與匯票支票區別之所在，申言之，本票之當事人只有二人，即發票人與受款人是也。良以本票係由發票人自己付款（自付證券），故無付款人之存在，在匯票雖發票人可以自兼付款人（對己匯票），但斯乃當事人資格之兼併，屬於一種變式，與本票之根本無付款人名義者，究有不同。

　　㈢**本票者於指定之到期日無條件支付與受款人或執票人之票據也**　本票亦為信用證券，故此點與匯票同，而與支票異，其詳請參照匯票意義有關之說明，茲亦不贅。

　　其次應予附述者，大多數立法例，均以匯票為中心（蘇俄獨以本票為中心），至於本票，則於性質許可之範圍內，準用關於匯票之規定，因而對於本票之規定，均極為簡單，本法亦然，除本票之發票，見票提示，及其追索權之行使上，具有特殊之情形者外，餘如背書、保證、到期日、付款、參加付款、追索權、拒絕證書、謄本等制度，均分別準用匯票之規定（立法上既以匯票為中心，大多數學者之著述自亦如是，惟日學者鈴木竹雄氏之手形法小切手法，則以本票為中心）。

二、本票之種類

本票依種種不同之區別標準，可分類如下：

㈠**記名式本票、指示式本票、無記名式本票** 此種分類之區別標準及區別實益，與匯票之同一分類相同，其詳請參照該項說明，於茲不贅。

所不同者，依本法一二〇條六項規定：「見票即付並不記載受款人之本票，其金額須在五百元以上」。即在無記名本票，若係見票即付時，其金額受有最低度之限制，此點在匯票、支票均無之。所以如此者，因斯種本票兌款極易，其使用之方便，幾於紙幣相等。故法律上乃加以金額之限制，以免小額之無記名式見票即付之本票，充斥市場，擾亂金融。

㈡**定期本票、計期本票、即期本票、註期本票** 此種分類之區別標準與區別實益，亦與匯票之同一分類同，詳請參照該項說明，茲不贅述。

所應注意者除即期本票（見票即付之本票）若為無記名式者，受有金額之限制，已如上述外，至註期本票（見票後定期付款之本票），因本票無承兌制度，乃設有見票制度（本法一二二條），以資適用，詳後述之。

此外在匯票、支票，均有當事人資格之兼併問題，因而可發生變式匯票（本法二五條），或支票（本法一二五條四項），但本票則無斯種規定，因之亦無所謂變式本票也（竹田省：手形法小切手法一一九頁，認為本票之發票人，亦可兼為受款人）。

第二節　發　票

一、發票之款式

本票之款式，亦可分應記載之事項，得記載之事項，與不得記載之事項三種，每種中之各事項多與匯票相同，因而以下除有特殊之情形者外，其說明凡已見於匯票者，於茲從略，爰將各該事項列舉之如下：

㈠**應記載事項** 本票應記載之事項，亦分兩類如下：

1.絕對必要記載事項 本票之絕對必要記載事項，亦有五：

①**發票人簽名**　（本法一二〇條一項本文）。

②**表明其為本票之文字**　（本法一二〇條一項一款）。

③**一定之金額**　（本法一二〇條一項二款）。

④**無條件擔任支付**　此點與匯票、支票不同，斯二者均係無條件委託他人支付，此則由發票人自己無條件擔任支付（本法一二〇條一項四款）。

⑤**發票年月日**　（本法一二〇條一項六款）。

2.相對必要記載事項　本票之相對必要記載事項，有四（因無付款人之問題，故較匯票缺少一種）：

①**受款人之姓名或商號**　本票應記載受款人之姓名或商號（本法一二〇條一項三款），若未記載時，則以執票人為受款人（同條三項），斯時即成為無記名式本票矣。

②**發票地**　本票應記載發票地（本法一二〇條一項五款），若未記載時，則以發票人之營業所住所或居所所在地為發票地（同條四項）。

③**付款地**　本票應記載付款地（本法一二〇條一項七款），若未記載時，則以發票地為付款地（同條五項）。

④**到期日**　本票亦為信用證券，故可有遠期，因而到期日亦應記載（本法一二〇條一項八款），若未記載時，視為見票即付（同條二項）。然則本票之受款人及到期日，若均未記載時，即成為無記名式見票即付之本票矣，如此則其金額非在伍百元以上，即不能發行也（本法一二〇條六項）。又本票因準用匯票到期日之規定，故亦得分期付款，而與匯票同。

㈡**得記載事項**　本票得記載之事項有九：

1.擔當付款人　為付款之便利，本票發票人，得記載擔當付款人（本法一二四條準用二六條一項）❹❸。又本票既別無付款人之存在，固無資金關係之問

---

❹❸　本票之發票人既不限於金融業者，則其付款即難免有不便之時，因而擔當付款人之指定乃有必要，臺灣銀行曾為工商業融通資金便利貼現起見，設計本票用紙一種，此種用紙即在乎以銀行為擔當付款人，而其效用始著者，茲為供參考，錄其格式如下：

題，但既得有擔當付款人，則發票人與擔當付款人間，即可有準資金關係，自不待言。

2.利息及利率　本票發票人得記載對於票據金額支付利息及其利率，利率未經載明時，視為年利六釐；利息自發票日起算（本法一二四條準用二八條）。

3.禁止背書文句　（本法一二四條準用三〇條一項）。

4.見票提示期限延縮之特約　（本法一二二條準用四五條二項）。

5.付款提示期限延縮之特約　（本法一二四條準用六六條二項）。

6.不許以付款地通用貨幣支付之特約　（本法一二四條準用七五條一項但書）。

7.免除拒絕事由通知之記載　此之拒絕，指發票人之拒絕而言，按發票人自己拒絕，自己為有不知之理，何取乎執票人再事通知，故乍視之此項記載，似屬毫無意義，其實不然，因發票人一經記載，則背書人即不必記載矣（同說，鈴木竹雄：手形法小切手法三〇一頁），此所以本法一二四條仍準用九〇條之規定也。

8.免除拒絕證書之文句　本票發票人為此項記載，似亦如上所述毫無意義（學者通說，即如此主張），其實發票人一為此項記載，對於背書人追索時，亦可以免作拒絕證書矣，仍非毫無實益（同說，伊澤孝平：手形法小切手法四六八頁），故本法一二四條亦仍準用九四條一項之規定也。

| 本

票 | 一、憑票准於中華民國△年△月△日　交付
　　〇〇〇先生或其指定人
　　新臺幣〇〇〇元整
二、本本票指定〇〇銀行（地址〇〇）當擔當付款人，屆期憑票由該行
　　就支存第〇號發票人帳戶內照付
三、本本票免除作成拒絕證書
　　　　　　　　　　　　發票人〇〇〇（須蓋用上開支存戶印鑑）
　　　　　　　　　　　　住址：〇〇〇〇
中　華　民　國　　　年　　　月　　　日 |

9.**禁發回頭匯票之特約**　（本法一二四條準用一〇二條一項但書，並參照鈴木竹雄：手形法小切手法一九三頁）。

㈢**不得記載事項**　本票之不得記載事項為本法所不規定之事項及與本票性質相牴觸之事項，前者如於本票上畫平行線，該平行線即不生票據上之效力是（支票上畫之，則成為平行線支票，平行線支票，為法之所認，與此不同）。後者如付款附記條件，則與無條件擔任支付之規定牴觸，其本票應屬無效是也。

二、發票之效力

發票之效力，在本票即為發票人之責任問題，本票發票人應負何種責任？依本法一二一條規定：「本票發票人所負責任與匯票承兌人同」。即本票之發票人於發票後應負付款之責任（參照本法五二條一項）。易言之，本票之發票人為主債務人，其執票人對於發票人有付款請求權，此項付款請求權之消滅時效既為三年，則縱令執票人不於付款提示期間內為付款之提示，或不於見票提示期限內為見票之提示，或不於法定期限內作成拒絕證書者，只要消滅時效尚未完成，發票人仍不能免除其付款之責任。

本票發票人既負有付款之責任，則到期如不付款時，依票據承兌貼現辦法一三條規定：「票據到期……本票發票人不能如期履行付款者，除依照票據法辦理外，應視其情節輕重，科以罰鍰，最高不得超過其票面金額，並得由主管官署予以停業解散處分，其因而觸犯其他法令者，從其規定。」以示制裁，而維持本票之信用。

其次應注意者，本票發票人除負付款責任外，是否亦負償還之責任？易言之，本票之執票人除得向發票人行使付款請求權外，亦是否得行使追索權？依一般通說均作否定，但本書前此曾主張匯票之承兌人亦得為追索之對象，則依同理，對於本票之發票人認為亦得為償還義務人，況本法一二三條已有「執票人向本票發票人行使追索權」之明文（採否定說者認為該條用語不妥），則於現行法上自亦有所根據矣。

191

第三節　背　書

本法一二四條規定：「第二章第二節關於背書之規定，除第三十五條外，於本票準用之」，依此可述者有，下列兩點：

㈠**本票之背書人不得為預備付款人之記載**　按本法三五條規定：「背書人得記載在付款地之一人為預備付款人」。此一規定在本票既不準用，則本票之背書人即不得為此項之記載；不過此種辦法，似不無斟酌之餘地，蓋本票之付款，係由發票人自己為之，故發票人當然不得為預備付款人之記載，否則無異於發票伊始，即宣布其自己並無付款之決心矣，寧有是理耶？但背書人並非自己付款，其地位與匯票背書人之地位，無何差異，應許為預備付款人之記載始妥。況本票既亦認有參加付款之制度，而預備付款人原為參加付款而設，則不准背書人記載預備付款人一節，立法上似未見其當也。

㈡**本票之背書人僅負擔保付款之責任**　匯票背書人之責任，依本法三九條規定，應為擔保承兌及擔保付款二項，但在本票因無承兌制度，故本票之背書人之責任，應僅為擔保付款一項，而無擔保承兌之問題，不過本票如須見票，而遭拒絕者，背書人亦有期前償還之義務（詳後述），自不待言。

第四節　見　票

一、見票之意義

見票者乃本票之發票人，因執票人之提示，為確定見票後定期付款本票之到期日，於本票上記載見票字樣並簽名之行為也。蓋在匯票因有承兌制度，對於見票後定期付款之匯票，執票人應向付款人為承兌之提示，藉以確定到期日之起算期；但在本票雖無承兌制度，卻仍有見票後定期付款之本票，故法律上仍不能不設此見票制度，以代營承兌制度之此項功能。

見票制度與承兌制度相類似，但仍有下列之不同：

1.承兌係由匯票之付款人為之；而見票則由本票之發票人為之。

2. 承兌除確定見票後定期付款之匯票到期日之起算點外，尚確定承兌人之付款責任；而見票則僅有確定見票後定期付款之本票到期日起算點之作用，至本票發票人之付款責任，並不待此而確定。

二、見票之程序

本法一二二條一項規定：「見票後定期付款之本票，應由執票人向發票人為見票之提示，請其簽名並記載見票字樣及日期，其提示期限，準用第四五條之規定。」例如有一記載「憑票准於見票後一個月付款」之本票，執票人於八月二十六日提示，經發票人於是日為見票之記載後，則九月二十六日即為該本票之到期日。惟此種本票雖自發票日以後，執票人得隨時為見票之提示，但亦應受提示期間之限制。其提示期限自發票日起為六個月以內（法定見票提示期限）；但發票人得以特約縮短或延長之，延長之期限不得逾六個月（約定見票提示期限）。又依本法一二二條二項規定：「未載見票日期者，應以所定提示見票期限之末日為見票日」。如上例本票若係八月二十日發票，而於八月二十六日見票時，發票人並未記載日期者，則應以翌年二月二十日（法定見票提示期限之末日）為見票日，因而其到期日遂為翌年之三月二十日矣。又上例倘發票人以特約縮短或延長其見票提示期限時，則以該約定見票提示期限之末日為見票日，而資以計算到期日，自不待言。

三、見票之效力

見票之效力可分正反兩方面言之，在正方面言之，則見票有確定見票後定期付款本票到期日之效力；在反面言之，若發票人拒絕見票時，依本法一二二條三項規定：「發票人於提示見票時拒絕簽名者，執票人應於提示見票期限內請求作成拒絕證書」，是為見票拒絕證書。於是此本票之到期日即可依見票拒絕證書作成日計算之。若無見票拒絕證書者，則依提示見票期限之末日計算到期日（本法一二四條準用六七條一項）。其次依本法一二二條四項規定：「執票人依前項規定作成見票拒絕證書後，無須再為付款之提示，亦無須再請求作成付款拒絕證書」。其用意殆與本法八八條規定之趣旨相同，此時在解釋上執票人即可

向其前手行使追索權矣。又同條五項規定:「執票人不於第四十五條所定期限內為見票之提示,或作成拒絕證書者,對於發票人以外之前手喪失追索權」,此乃對於本法第一○四條所設之特別規定也。

第五節　保　證

本法一二四條規定:「第二章第五節關於保證之規定,於本票準用之」。應注意者,本法六○條有:「保證未載明被保證人者視為為承兌人保證,其未經承兌者,視為為發票人保證……」等語,於此應改為:「保證未載明被保證人者,視為為發票人保證……」蓋本票無承兌之問題,自亦無承兌人也。

第六節　到期日

本法一二四條規定:「第二章第六節關於到期日之規定,於本票準用之」。即本票之到期日亦有①定日付款,②發票日後定期付款,③見票即付,④見票後定期付款等四種,且得分期付款,與匯票完全相同,又其到期日之計算方法,在本票亦別無規定,自亦與匯票完全相同,惟第六七條中所稱之「承兌日」或「拒絕承兌證書」等語,在本票應改為「見票日」或「拒絕見票證書」而已。

第七節　付　款

本法一二四條規定:「第二章第七節關於付款之規定,於本票準用之」,可知關於付款之問題,本票與匯票完全相同,只是匯票係付款人付款,而本票則由發票人付款,二者乃稍有不同而已。

第八節　參加付款

本法一二四條規定:「第二章第八節關於參加付款之規定,除第七十九條及第八十二條第二項外,於本票準用之」。按七九條乃向參加承兌人或預備付款人為付款提示之問題,而八二條二項乃參加承兌人或預備付款人參加付款時,被

參加付款人應為何人之問題，茲本票既無參加承兌人又無預備付款人，故該兩種規定自無從準用之也。所應注意者，依本法八二條三項下段規定：「匯票上未記載被參加付款人者，以發票人為被參加付款人」，而不以承兌人為被參加付款人，此在本票因發票人居於承兌人之地位，故本票上未記載被參加付款人時，即應以第一次背書人（受款人）為被參加付款人，而發票人不與焉。

其次在匯票，有參加承兌制度，可以阻止期前追索，又有參加付款制度，可以阻止到期追索及期前追索。而在本票，因無參加承兌之制度，則無論對於期前追索（本票雖無承兌，但亦有期前追索之問題，詳於次節述之）或到期追索之阻止，只有賴乎參加付款制度矣；不過參加付款制度，其趣旨究竟重在阻止到期之追索，在本票自亦如是。

第九節　追索權

本法一二四條規定：「第二章第九節關於追索權之規定，除第八十七條第一項、第八十八條及第一百零一條外，於本票準用之」。查上列除外之各條項，均係專以承兌制度為基礎而設者，本票無承兌制度，則各該條項目無須準用，惟於此應說明者如下：

㈠**本票亦得於期前追索**　本票既無承兌制度，自無不獲承兌之問題，因而乍視之似無期前追索之可能，其實不然，蓋不獲承兌，固為期前追索之主要原因，但非其唯一之原因，易言之，期前追索之原因除不獲承兌外，尚有①付款人或承兌人死亡逃避或其他原因無從為承兌或付款提示；②付款人或承兌人受破產宣告等二者，前者在本票應為發票人死亡逃避或其他原因無從為見票或付款之提示；後者在本票應為發票人受破產宣告。有此等原因之一，本票之執票人亦得於到期日前行使追索權也。又本票因有見票之制度，無從為見票之提示時，亦可於期前追索，如上述，但雖已為見票之提示，而遭拒絕時，在解釋上自亦得於期前追索也（參照本法一二二條三、四、五項）。

㈡**向發票人行使追索權時得聲請裁定後強制執行**　本法第一二三條規定：

「執票人向本票發票人行使追索權時，得聲請法院裁定後強制執行」，所以特別保護執票人，以加強本票之獲償性，而助長本票之流通也。蓋在一般債務，須經法院之審判程序，而取得確定之勝訴判決後，始有執行名義，如此勢必經年累月，使債權人在精神上金錢上均不免遭受莫大之損失，茲本票依上述之規定，一經法院裁定，即可強制執行，減輕執票人之訟累不少，增加本票之信用殊多，則本票自可因之而愈益流通也❹，至於適用本條規定，須具備下列之要件：

1.須執票人係行使追索權 執票人聲請裁定強制執行，須行使追索權，亦即須於為見票或付款之提示而遭拒絕後為之，否則若係行使付款請求權，則不可適用本條，因未經拒絕見票或付款，即貿然聲請法院裁定強制執行時，則於情於理（一般債務之起訴，原則上亦須於債務已屆清償期，而債務人不履行時始可），均有不合也。

2.須向發票人行使追索權 執票人聲請裁定強制執行，須向發票人行使追索權時始可，若向背書人行使追索權，則不在此限；但發票人之保證人係與發票人負同一責任，因而在解釋上對其保證人行使追索權時，亦得適用此項規定（有反對說，見最高法院民國五十年度第四次民、刑庭總會會議決議㈢）。

於茲應注意者，非訟事件法一九五條規定：「發票人主張本票係偽造、變造者，於前條裁定送達後二十日內，對執票人向為裁定法院提起確認之訴。發票人證明已依前項規定提起訴訟時，執行法院應停止強制執行。但得依執票人聲請，許其提供相當擔保，繼續強制執行，亦得依發票人聲請，許其提供相當擔保停止強制執行。」以防詐偽，而保護當事人之利益。

---

❹ 法令月刊第十卷第一期載楊與齡：對於修正票據法之意見一文，認為：「本票得強制執行之規定，非但對於本票之信用毫無補益，相反地卻可替本票發票人開一匿產避債的方便之門，蓋依現行法律，執行名義的取得，有一定之程序，非常一朝一夕所能取得，然而簽發本票，頃刻完成，立即具有執行名義，法院明知其偽，亦須執行不悸，則債務人於債權尚未取得或已取得執行名義時，串通親友，開發鉅額本票乙紙或數紙，可搶先請求法院執行或聲請參加分配，將財產藏匿淨盡，使真正債權人飽受訟累，一無所得，安能加強本票的獲償性」值得參考。

第十節　拒絕證書

　　本法一二四條規定：「第二章第十節關於拒絕證書之規定，於本票準用之」。可見本票拒絕證書之作成手續與匯票同。惟本票只有拒絕付款證書與拒絕見票證書兩者，至於拒絕承兌證書、拒絕交還複本證書、拒絕交還原本證書，則無有也。

第十一節　謄　本

　　本法一二四條規定：「第二章第十二節關於謄本之規定，除第一一九條外，於本票準用之」。因一一九條係以提示承兌為基礎所設之規定，本票無承兌制度，故無準用之必要。不過本票既有見票制度，於提示見票時，似可準照該條為之，由此觀之，本法不宜以明文排除該條之準用也。

　　其次本票只有謄本，而無複本，其理由何在？言之有下列諸點：

　　1.因本票無承兌問題，不必為提示承兌而送出複本。

　　2.因本票無國際性，故亦無作成複本分途寄遞，以防票據之喪失之必要。

　　3.因本票之發票人係負絕對付款責任，等於匯票之承兌人，故本票一經發行，即等於業經承兌之匯票，因而倘使發票人有發行複本之義務時，即與強匯票承兌人必須就各複本為承兌同，未免不平，故本票乃無複本之制度，如發票人自願為之，自應分別負獨立的本票之責任也。

》第四章　支　票《

第一節　總　說

一、支票之意義

本法四條規定：「稱支票者謂發票人簽發一定之金額，委託金融業者，於見票時無條件支付與受款人或執票人之票據。前項所稱之金融業者，係指經財政部核准辦理支票存款業務之銀行、信用合作社、農會及漁會。」析述之可得三點如下：

㈠**支票者票據也**　支票為票據之一種，與其他有價證券有所不同，故支票亦須由發票人簽發一定之金額，而為金錢證券，以表現票據之通性。

㈡**支票者委託金融業者支付之票據也**　此為支票特徵之一。蓋支票雖亦為委託證券，除發票人與受款人外，尚有付款人，而與匯票無異；但匯票之付款人無資格之限制，而支票之付款人則以金融業者為限，此點則支票與匯票不同，所以如此者，因匯票為信用證券，不注重資金關係，而支票則為支付證券，貴乎現實支付，故注重資金關係。因而其付款人遂不得不以金融業者為限。此之所謂金融業者，係指經財政部核准辦理存款業務之銀行、信用合作社、農會及漁會而言。良以斯四者乃存款放款之機構，處理金錢之專家，以之為付款人，不但支票支付性因之而十分強化，即就支付之技術上言之，亦必計算精確，少生錯誤，裨益於交易界者當不在少也。

㈢**支票者於見票時無條件支付之票據也**　此為支票特徵之二。因匯票與本票均為信用證券，不注重現實支付，而以遠期者為常，支票則不然。支票為支付證券，代替現金之用，須隨時兌現方可，以此法律上乃強調其「見票性」，不許有遠期支票（與俗稱之遠期支票係填寫將來日期為發票日期者不同）之存在。

易言之，即支票不許有其他到期日之問題，必須於見票時無條件支付之，否則便與支票之本質不合矣。

二、支票之種類

支票依種種不同之區別標準，可分類如下：

㈠**記名式支票、指示式支票、無記名式支票**　此與匯票同一分類之區別標準及區別實益均同，詳請參照匯票分類之說明，茲不贅述。

㈡**對己支票、指己支票、受付支票**　此等支票係因當事人資格之兼併而來，屬於變式的支票，本法一二五條四項規定：「發票人得以自己或付款人為受款人，並得以自己為付款人」。申言之：①發票人得以自己為付款人，此種支票謂對己支票，與本法二五條所規定之對己匯票相似，所不同者，因支票之付款人係以金融業者為限，對己支票既由發票人兼為付款人，則發票人亦非金融業者不可矣，故對己支票，一般人無發行之可能也；②發票人得以自己為受款人，此種支票謂之指己支票，與本法二五條所規定之指己匯票相似，此種支票任何人均得簽發（通常存戶向銀行提現時多用之），無何限制也。③發票人得以付款人為受款人，此種支票謂之受付支票，與本法二五條所規定之受付匯票相似，所不同者，亦因支票之付款人限於金融業者之關係，故此種支票之受款人亦非金融業者不可。

㈢**一般支票、保付支票、平行線支票**　支票以其付款有無特殊保障為標準，可分一般支票，保付支票與平行線支票三種。一般支票在付款上，並無特殊保障，而保付支票與平行線支票則不然，其詳俟於付款節中述之。

此外尚有「公庫支票」乃一種特殊的支票，除應優先適用國庫法（一四條），國庫法施行細則（二五、二六、二七條），公庫法（一五條），公庫法施行細則（二八條），亦應適用本法之規定，但最高法院六○臺上字第一五四八號判決，則認為公庫支票非票據法上之支票，而僅為指示證券之一。又臺灣銀行所發行的旅行支票亦係支票之一種，自不待言。

第二節　發　票

一、發票之款式

支票之款式，亦可分為應記載之事項，得記載之事項及不得記載之事項三種，與匯票、本票之情形同，因而除有特殊問題者外，以下僅予列舉，至其說明則從略：

㈠**應記載之事項**　支票應記載之事項，如下：

1.**絕對必要記載事項**　支票之絕對必要記載事項有七：

①**發票人簽名**　支票發票人之簽名，不但為絕對必要記載事項（本法一二五條一項本文），同時發票人既為金融業者之存戶，於訂立支票存款契約時，必須留有印鑑，便於付款時之核對，故支票發票人之簽名，通常均以蓋章代之。

②**表明其為支票之文字**　（本法一二五條一項一款）。

③**一定之金額**　（同條一項二款）。

④**付款人之商號**　付款人之商號為支票之絕對必要記載事項（同條一項三款），此點與匯票不同，至所以限於記載付款人之商號，而不得記載付款人姓名者，以支票之付款人不得以個人充之，即一般之商店亦不得充之，依本法一二七條規定：「支票之付款人以第四條所稱之金融業者為限」。

支票之付款人既以金融業者為限，則違反此規定之支票其效力如何？依我最高法院四〇臺上字第一三七一號判例，認為此種支票不能適用票據法關於支票之規定，只認為民法債編所稱之指示證券（日本小切手法第三條但書規定：此種支票仍有支票之效力，不過該發票人應受處罰而已）。

⑤**無條件支付之委託**　無條件支付之委託，亦為絕對必要記載事項（本法一二五條一項五款），與匯票同，但支票有撤銷付款委託之問題（詳後述），此點與匯票不同。

⑥**發票年月日**　發票年月日亦為絕對必要記載事項（本法一二五條一項七款），不過此之年月日於形式上存在為已足，與實際上之發票日是否相符在所不

問，易言之，既可記載實際發票日後之日期為發票日，亦可記載其前之日期為發票日，前者即俗稱之遠期支票是，後者即前期支票是也。此種遠期支票，依本法修正前一二八條二項規定：「執票人於票載日期前提示付款時，應即付款」。但民國六十二年之修正後乃規定：「支票在票載發票日前，執票人不得為付款之提示。」以減弱其效力，而免泛濫。其次前期支票雖非無效，然易為狡獪者所騙，故意將發票日倒退於提示期限以前，於交付支票時，即已超過提示期間（後述），害人匪淺，故支票之授受，應特別注意發票日也。

⑦**付款地**　付款地在支票為絕對必要記載事項（本法一二五條一項八款），此點與匯票本票均不相同，因支票非記載付款地則無以決定提示期限故也，詳後述之。

2.相對必要記載事項　相對必要記載事項有二：

①**受款人之姓名商號**　受款人之姓名或商號，應予記載（本法一二五條一項四款）如不記載時，則依同條二項規定：「未記載受款人者，以執票人為受款人」，以為補充，斯時即成為無記名式支票矣。

②**發票地**　發票地亦應記載（本法一二五條一項六款），如不記載時，則依同條三項規定：「未載發票地者，以發票人之營業所、住所或居所為發票地」。

㈡**得記載之事項**　支票之發票人得任意記載之事項，如下：

1.平行線　發票人得於支票正面劃平行線二道，或於其線內為特定之記載，使成平行線支票（本法一三九條一項、二項）。

2.禁止背書文句　（本法一四四條準用三〇條一項但書）。

3.不許以付款地通用貨幣支付之特約　（本法一四四條準用七五條）。

4.免除拒絕事由通知之記載　（本法一四四條準用九〇條）。

5.免除拒絕證書之文句　（本法一四四條準用九四條）。

6.禁發回頭匯票之特約　（本法一四四條準用一〇二條但書）。

㈢**不得記載之事項**　支票不得記載之事項，如下：

1.記載則支票全歸無效者　如有條件之支付委託，及分期付款是。

2.記載僅其本身無效者　如本法一二八條一項規定：「支票限於見票即付，有相反之記載者，其記載無效」是，所謂有相反記載者，例如記明：「憑票祈於民國九十二年十月十日付款」，而其發票日則記為「民國九十二年八月二十八日」，此種支票並非無效，僅該項到期日（九十二年十月十日）之記載無效而已，因之雖於該日期前提示付款，付款人亦應即付款；不過此種記載方法與前述俗稱之遠期支票不同，俗稱之遠期支票雖其發票日係將來之日，但除發票日外，別無到期日，而此則發票日雖屬真實，但其外尚有到期日之記載，因之俗稱遠期支票不可於票載日期前提示付款，只能俟該將來日之到來後提示；而此則既有真實之發票日，而其到期日之記載又屬無效，故執票人不能俟該到期日到來後，始為付款之提示也。

此外，支票因係見票即付，故無約定利息之可言，因而發票人如記載利息者，其記載無效；至於行使追索權時，固得要求利息，然斯乃法定利息，與上述之利息，不可混為一談。

二、發票之效力

本法一二六條規定：「發票人應照支票文義擔保支票之支付。」故支票發票人所負之責任為第二次的，亦即償還責任。若支票經保付後，則此項責任，即告免除（本法一三八條二項）。

第三節　背　書

本法一四四條規定：「第二章第二節關於背書之規定，除第三十五條外，於支票準用之」。則支票之背書與匯票之背書幾完全相同，所不同者如下：

1.支票之背書人不得為預備付款人之記載　因支票乃支付證券，無參加承兌及參加付款之問題，故其背書人亦無記載預備付款人之必要。

2.支票之背書不得於謄本上為之　因支票不得作成謄本，故亦無於謄本上為背書之可言。

3.支票之背書人得畫平行線　支票之背書人解釋上亦有權在支票上畫平行

線，使支票成為平行線支票，而匯票之背書人則無權為此。

4.**支票之背書人不負擔保承兌之責**　支票因無承兌制度，故其背書人不負擔保承兌，而僅負擔保付款之責任，若支票經保付後，則背書人之此項責任，亦得免除矣（本法一三八條二項）。

第四節　付　款

第一款　總　說

支票為支付證券，重在付款，故付款之問題，在支票上最為重要，除依本法一四四條規定：「第二章第七節關於付款之規定，除第六十九條第一項第二項，第七十條、第七十二條、第七十六條外，於支票準用之」之外，於支票本章，尚設有關於付款之規定不少。同時支票復有保付與平行線之問題，此兩者與一般支票之不同處，端於付款上見之，因而支票之付款問題，亦較他種票據為複雜，本節特分以下三款述之。

第二款　一般支票

一、提　示

支票之付款，亦以「付款之提示」為付款之前提，此點與匯票並無不同，但最大之差異，於提示期限上見之，斯應注意，茲將支票付款之提示問題，詳述如下：

㈠**提示期限**　本法一三〇條規定：「支票之執票人，應於左列期限內，為付款之提示」。即支票之付款提示，執票人應遵守下列之提示期間：

1.**發票地與付款地在同一省（市）區內，發票日後七日內**　例如發票地在臺北，而付款地亦在臺北者，則發票日後七日內，執票人應為付款之提示。

2.**發票地與付款地不在同一省（市）區內者，發票日後十五日內**　例如發票地在臺北，而付款地在高雄者，則執票人應於發票日後十五日內為付款之提

示，蓋兩地相隔，有途程問題之存在，故法律上亦寬其期限。

3.發票地在國外，付款地在國內者，發票日後二個月　例如發票地在紐約，而付款地在臺北者，則其提示期限為發票日後二個月，蓋地涉兩國，途程愈遠，故其提示期限亦愈寬也。至於發票地在國內，而付款地在國外之支票，其提示期限若何？此應依付款地之法律定之，故本法未予規定。

上述之提示期限，應自發票日之次日算起，發票日不算入（民法一二〇條二項參照）。與匯票中到期日之計算（本法六八條）不同，因支票不準用該項規定之故。至於執票人如怠於為付款之提示時，則對於發票人以外前手，喪失追索權（本法一三二條），又此之提示期限，不僅對於執票人發生效力，對於發票人及付款人亦均發生種種不同之效力，例如發票人於提示期限內不得撤銷付款之委託（本法一三五條），亦不得故意提回存款之全部或一部（本法一四一條三項）；付款人於提示期限內，於一定條件下應負付款之責（本法一四三條），而於提示期限經過後雖仍得付款，然亦得不付款（本法一三六條），凡此皆與提示期限有關，俟於各該處所，再詳述之。

支票付款提示之期限，既有特別規定如上述，因而對於本法六九條一項關於匯票付款提示期間之規定，自不得準用矣。

㈡**提示人及受提示人**　付款提示之提示人為執票人（本法一三〇條），受提示人則為：①付款人（金融業者），②票據交換所（本法一四四條準用六九條三項）。又支票無擔當付款人，故亦無向擔當付款人提示之問題（本法一四四條明定不準用六九條二項之規定）。

二、付　款

㈠**付款之時期**　因支票限於見票即付，故無延期付款之問題（本法一四四條明定不準用七〇條之規定），又支票無所謂到期日，故亦無期前付款之問題（本法一四四條明定不準用七二條之規定）。

又依本法一三六條規定：「付款人於提示期限經過後，仍得付款，但有左列情事之一者，不在此限」，可知不僅執票人於提示期限內提示時，付款人應即付

款，即於提示期限經過後提示時，原則上付款人亦得付款（自亦得不付款，此點即與提示期限內所為之提示不同矣），但有下列之例外：

1.發票人撤銷付款委託時　付款人之付款乃基於發票人之付款委託而來，所謂付款之委託乃發票人對於付款人委託付款之意思表示也，此種意思表示應記載於支票之上，而為絕對必要記載事項之一，故為非對話之意思表示，以達到相對人（付款人）時發生效力（民法九五條一項），在發生效力前，依一般原則表意人本得任意撤回之，但依本法一三五條規定：「發票人於第一百三十條所定期限內不得撤銷付款之委託。」（條文中之撤銷二字，係撤回之意）蓋為保護執票人之利益起見，乃對於付款委託之撤回不能不加以限制，使於提示期限內，不得為之（如為之亦不發生效力）。

發票人於提示期限內撤回付款之委託，固不生效，付款人仍應付款；但於提示期限經過後，撤回付款委託時，自應有效（提示期限內所為之撤回，固不生效，但該項撤回，待至提示期限經過後，亦可發生效力），故本法一三六條一款乃明定，發票人撤銷付款之委託時，付款人即不得於提示期限經過後付款矣。

2.發行滿一年時　支票上發行滿一年時，付款人即不得再付款，此蓋因支票之權利對發票人言之，其消滅時效期間，最長為一年，如發行滿一年時，則支票上權利可能已罹消滅時效，故本條乃明定付款人不得再付款，以資呼應。不過此之一年與消滅時效期間之一年，仍非一事，斯應注意。

㈡**付款人之責任**　支票之付款人與匯票之承兌人不同，本不負付款責任，但本法為保護執票人起見，乃仿法國之立法例，於一四三條規定：「付款人於發票人之存款或信用契約所約定之數，足敷支付支票金額時，應負支付之責，但收到發票人受破產宣告之通知者，不在此限」。即支票之付款人於一定之條件下，負相對的付款責任，在執票人方面言之，對於付款人有直接訴權，所謂一定條件如下：

1.須發票人之存款或信用契約所約定之數足敷支付支票金額　支票重資金關係，必須發票人有足敷支付之存款，或雖無存款但已與付款人訂有信用契約

（一般稱透支契約，亦即付款人允為墊借之契約），而約定之數亦足敷支付支票金額時，付款人始負付款之責任。

2. 須未收到發票人受破產宣告之通知　發票人一受破產之宣告，則其總債權人即應依破產法之規定，分配其財產，因而付款人如已收到發票人受破產宣告之通知時，縱有存款，亦不得再付款矣。若仍付款，應自負其責，至於發票人已受破產之宣告，但付款人尚未收到通知，而已付款，自仍有付款之效力（破產法一○七條二項參照），自不待言。

3. 須未經過提示期間　提示期間經過後，付款人仍得付款，雖為本法一三六條所明定，然是乃「得」付款，並非「應」付款，得付款，自亦得不付款，故在解釋上提示期限經過後，執票人如未為提示時，即不能取得直接訴權，而付款人亦不負付款責任也。

㈢**付款人應審查及不必審查之事項**　依本法一四四條準用七一條之結果，支票付款人應審查及不審查之事項，與匯票付款人同，所不同者，支票之發票人於付款人處必須存留印鑑，因而付款人於付款時亦必須核對印鑑，否則如對於印鑑不符之支票而付款者，應認為有重大過失，不能免責。又付款人如已善盡審查之能事，只要背書連續，發票人之印鑑相符，於付款後，縱該執票人非真正權利人，付款人亦免其責任。因而本法施行細則六條規定：「本法第十八條、第十九條規定，對業經付款人付款之票據不適用之」。（此之規定不限於支票適用，其他票據亦適用之。）即支票一經付款，原喪失支票之執票人即不能再依止付之通知及公示催告之聲請，以謀救濟也。不過此一規定，不僅對於付款人免責之情形而設，即付款人之付款因有過失而不能免責時，執票人亦只能對付款人交涉或起訴，而不能適用止付通知及公示催告之程序，自不待言。

㈣**付款人得要求之事項**　付款人得要求之事項如下：

1. 全部付款　全部付款時，付款人得要求執票人記載收訖字樣簽名為證，並交出支票（本法一四四條準用七四條一項），此項「收訖」字樣必須記載，不得僅於支票背面簽名，否則易與空白背書相混，萬一落入善意人之手，執票人

不能不負背書之責任。

2.**一部付款**　本法一三七條一項規定:「付款人於發票人之存款或信用契約所約定之數不敷支付支票金額時,得就一部分支付之」。付款人既有一部付款之權,則執票人對於一部分付款,不得拒絕(本法一四四條準用七三條一項),因而本法一三七條二項乃規定:「前項情形,執票人應於支票上記明實收之數目」。執票人既應記明實收數目,付款人自得要求其記載,並得要求其另給收據(本法一四四條準用七四條二項),自不待言。

(五)**付款之標的**　關於支票付款時之貨幣問題,因本法一四四條準用七五條規定之結果,完全與匯票之同一問題相同,詳請參照前述,茲不復贅。

(六)**付款之方法**　付款人付款時以現實支付為原則,但本法一二九條規定:「以支票轉帳或為抵銷者,視為支票之支付」。例如甲乙二人同在某銀行,立有甲種活期存款戶頭,若甲執有乙所發行之某銀行付款之支票,自得以之請求某銀行將該支票金額轉入自己之存款戶頭內,此時某銀行即可用轉帳方法,以代現實支付矣。又如甲在某銀行立有存款戶頭,茲又與該銀行交易而負有金錢債務,則甲自可開發一受付支票與某銀行,以清償其債務,此時某銀行自得用抵銷方法,以代現實之支付。

此外在匯票之付款,有時尚發生提存問題,但支票之付款因本法一四四條排除七六條準用之結果,故無斯項問題之存在。

第三款　保付支票

一、總　說

(一)**保付支票之意義**　保付支票者乃付款人於支票上記載照付或保付或其他同義字樣,而由其簽名,並負絕對付款責任之支票也。本法一三八條一項規定:「付款人於支票上記載照付或保付或其他同義字樣並簽名後,其付款責任,與匯票承兌人同。」即指此而言。因保付亦係一種票據行為,自應由保付之人簽名,否則既不能辨別該保付字樣係何人所記載,又何從確定其責任耶?原條文

中僅規定記載保付等字樣，而未規定應由保付人簽名，似屬立法上之疏漏，民國六十二年之修正，加入「簽名」字樣，可謂妥當。

　　(二)**保付與其類似概念之比較**　支票之保付與匯票之承兌，及票據之保證，頗相類似，但其實不相同，茲分別比較如下：

　　1.**保付與承兌之比較**　支票經保付後，付款人之責任即與承兌人同，但保付仍與承兌不同，申言之：①經承兌之匯票，執票人仍應於到期日或其後二日內為付款之提示，否則對於其前手喪失追索權（本法六九條），而經保付之支票，則不受提示期限之限制（本法一三八條四項）；②匯票付款人若拒絕承兌，執票人得因之而行使追索權，而支票付款人縱拒絕保付，執票人亦不得以之為追索權行使之原因；③匯票承兌人，拒絕付款時，執票人亦得行使追索權；而支票之保付，付款人縱拒絕付款，執票人亦不得行使追索權，蓋支票於保付後，發票人及背書人均免除其責任故也（本法一三八條二項）；④匯票之承兌，無論付款人與發票人有無資金關係之存在，均得為之，而支票之保付，發票人如無存款，則付款人不得為之（詳下述）。

　　2.**保付與保證之比較**　支票之保付易與票據之保證相混，其實斯二者仍截然有別，申言之：①票據之保證，除票據債務人外，任何人均得為之，而支票之保付，以付款人為之為限；②票據之保證，保證人為償還後，尚發生對於被保證人及其前手之追索問題，而支票之保付，付款人於付款後，則支票權利消滅，無復追索之可言；③票據之保證得就票據金額之一部為之；而支票之保付則不得如斯；④票據之保證可適用於匯票本票；而支票之保付則僅適用於支票，此亦二者根本不同之點也。

二、保付支票之效力

　　保付支票之效力，可分下列三方面言之：

　　(一)**對於付款人之效力**　本法一三八條一項規定：「付款人於支票上記載照付或保付或其他同義字樣並簽名後，其付款責任，與匯票承兌人同」[45]，一般支票本無絕對的票據債務人，但一經保付則付款人即成為絕對的票據債務人矣。

付款人既負絕對的付款責任，故同條三項乃規定：「付款人不得為存款額外或信用契約所約定數目以外之保付，違反者應科以罰鍰，但罰鍰不得超過支票金額」。蓋為恐付款人輕易保付，將來不能付款，有礙保付支票之信用也。惟違反此項規定者，雖受處罰，但其保付並非無效，亦即無論發票人有無足敷支付之資金，對於付款人之付款責任，概無影響。

　　㈡**對於發票人及背書人之效力**　本法一三八條二項規定：「付款人於支票上已為前項之記載時，發票人及背書人免除其責任。」即支票一經保付，則發票人及背書人之擔保付款責任，即告免除，縱保付人不為付款，執票人亦不得再向發票人或背書人追索也。

　　㈢**對於執票人之效力**　本法一三八條四項規定：「依第一項規定，經付款人保付之支票，不適用第十八條、第一百三十條及第一百三十六條之規定」。此可分下列兩點述之。

　　1.保付支票如有喪失時，執票人不得為止付之通知（但得為公示催告之聲請），因此種支票，付款人既負絕對付款責任，須隨時兌現，已與貨幣所差無幾，故縱有喪失，執票人亦應自負其責，而不得為止付之通知，謀取救濟。

　　2.保付支票不受提示期限之限制，即提示期限經過後，付款人仍「應」付款，縱發票人撤銷付款之委託，或支票之發行已滿一年，亦無妨礙，當然發票人破產，對此亦無影響。於此有一問題，即此種支票之付款，既不受發行滿一年之限制，則其消滅時效期間若何？法無規定，本書認為付款人之責任，既與匯票承兌人同，則此項時效期間亦應為三年。

----

❹ 支票之保付乃美國獨有之制度，我國票據法仿之。雖英國自一八一〇年以來有 Mark Checks 之制度，但銀行為斯種記載時，只表示資金之存在而已，與保付支票不同。按美國統一流通證券法第一八七條規定：「付款銀行於支票上為付款保證時，其效力與承兌同」。其第一八八條復規定：「支票之執票人其支票經承兌或為付款保證後，發票人及全體背書人，均免其責任」。現美國商業證券法第三節第四二條規定：「支票之付款保證，即係承兌。執票人受付款保證後，發票人及一切前手之背書人均免責任；如無相反之特約，銀行不負對於支票為付款保證之義務」。以上各規定均可供參考。

第四款　平行線支票

一、總　說

(一)**平行線支票之意義**　平行線支票亦稱橫線支票或畫線支票，即於支票正面畫平行線二道，而僅得對金融業者支付之支票是也。此種支票對於受領人之資格，加以限制，其作用，不外防止支票遺失或被竊時之被人冒領，因而此種支票之執票人，於受款上雖感不便，但另一方面卻特別安全，故各國立法例多採之。**❹**

(二)**平行線支票之種類**　平行線支票分下列兩種：

1.普通平行線支票　普通平行線支票乃其正面畫平行線二道之支票是也。

2.特別平行線支票　特別平行線支票乃平行線內記載特定金融業者之支票是也。

以上兩者區別之實益，於其效力上見之（詳後述）。

二、平行線之記載

(一)**記載權人**　不論普通平行線支票或特別平行線支票，其平行線之記載，解釋上均得由發票人、背書人或執票人為之，故此等人均有記載之權。

(二)**記載處所**　平行線之記載，限於支票之正面，因而在其背面或黏單上所為之記載，不發生平行線之效力。至於正面記載時，究佔何位置，無法限制，一般多於左上角為之。

(三)**記載方法**　普通平行線支票僅畫平行線二道為已足，其樣式如下：

---

❹　平行線支票乃英票法上之制度（見該法七六條至八二條），而法國支票法第八條以下，德國支票法第一四條，日本支票法第三七、三八條亦均採之，惟美國商業證券法不認有斯項制度，此外與平行線支票類似之制度，有所謂「計算支票」者，即發票人或執票人於支票正面記載「為計算」字樣之支票，此種支票絕對禁止付現，只能記帳，其目的亦在防止支票遺失或被盜可發生之損害，但本法並未採用。

普通平行線

其次特別平行線支票，除須畫平行線二道外，並應於其平行線內，記載特定金融業者之名稱，其樣式如下：

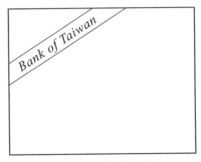

特別平行線（一）

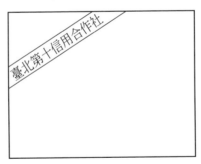

特別平行線（二）

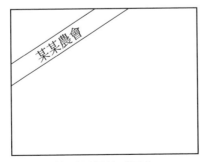

特別平行線（三）

三、平行線支票之效力

㈠**普通平行線支票之效力**　本法一三九條一項規定:「支票經在正面劃平行線二道者,付款人僅得對金融業者支付票據金額」。即普通平行線支票,非對於金融業者不能付款(此之付款不僅現實支付,即本法一二九條之視為支付,亦包括在內),因而執票人如非金融業者則應將該項支票存入其在金融業者之帳戶,委託其代為收取(本法一三九條三項)而後可,此種支票,既僅得對金融業者付款,則惟有金融業者始得為付款之提示,否則若付款人拒絕付款時,執票人不得基以行使追索權,蓋此種支票本不得對一般執票人付款,則付款人之拒絕付款,原屬當然也。

㈡**特別平行線支票之效力**　本法一三九條二項規定:「支票上平行線內記載特定金融業者,付款人僅得對特定金融業者支付票據金額。但該特定金融業者為執票人時,得以其他金融業者為被背書人,背書後委託其取款」,即特別平行線支票,對於受領人資格之限制,較普通平行線支票為嚴,普通平行線支票對於一般執票人固不能付款,然對於任何金融業者尚無不可支付;特別平行線支票則不然,非對於平行線內所記載之特定金融業者則不能支付。例如平行線內所記載者為臺灣銀行時,則除該行外,其他金融業者均無受領之資格,其限制可謂嚴矣。不過該特定金融業者如同時為執票人時,得以其他金融業者為被背書人,背書後委託其取款,以資緩和。如上例臺灣銀行可以委任取款背書之方法委託華南銀行取款,則付款人自亦得對該行支付也。

又特別平行線支票,如執票人並非該線內所指之特定金融業者時,則依本法一三九條四項規定,應存入其在該特定金融業者之帳戶,委託其代為取款。

以上兩種平行線支票之付款,法律上所以定有限制者,旨在保護執票人,藉以防止票據遺失或被盜竊時之損害,因而付款人自應受其拘束,如有違反,則依本法一四〇條規定:「違反第一百三十九條之規定而付款者,應負賠償損害之責。但賠償金額,不得超過支票金額。」以示制裁。例如就普通平行線支票,向非金融業者付款,就特別平行線支票,向非特定金融業者付款,倘真正權利

人因之而遭受損害時，則付款人應負有限度（不超過支票金額）之賠償責任，然此僅指對於非真正權利人付款者而言，若付款人縱違反上述規定，但其付款確已向真正權利人為之者，則仍非無付款之效力，自不待言。

四、平行線之變更及撤銷

㈠**平行線之變更**　平行線支票之平行線，是否可以變更？法無明文，在解釋上，限制寬者可變嚴，而限制嚴者不可變寬，具體言之，即普通平行線可變更為特別平行線，特別平行線則不可變為普通平行線（西島彌太郎：手形法小切手法三五三頁）。

㈡**平行線之撤銷**　平行線是否可以撤銷，法亦無明文，然一經畫線，若絕對不許撤銷，則執票人倘與金融業者素無往來，而又無機會將支票轉讓他人時（平行線支票僅對於受領人之資格加以限制而已，至於票據之轉讓，仍與一般支票無異），則該支票豈非無用耶？因之本法一三九條五項乃規定：「劃平行線之支票，得由發票人於平行線內記載照付現款或同義字樣，由發票人簽名或蓋章於其旁，支票上有此記載者，視為平行線之撤銷」，以濟其窮。此時由平行線所生之限制，即告解除，惟此種擬制的撤銷，只能由發票人為之；但支票經背書轉讓者，不在此限（同條但書），亦即不得為之矣。

第五節　追索權

本法一四四條規定：「第二章第九節關於追索權之規定，除第八十五條第二項第一款第二款、第八十七條、第八十八條、第九十七條第一項第二款、第二項及第一百零一條外，於支票準用之」。可見支票之追索權大致與匯票相同，所不同者：

㈠**追索權行使之原因**　支票因無承兌制度，故亦無不獲承兌或無從為承兌之提示而行使追索權之可言，然則支票追索權行使之原因若何？不外為下列二端：

1.**不獲付款**　此不獨本法一四四條有準用八五條第一項之明文，即依本法

214

一三一條本文:「執票人於第一百三十條所定提示期限內,為付款之提示而被拒絕時,對於前手得行使追索權」之規定,亦可知之。

　　2.付款人受破產宣告　付款人受破產宣告時,執票人亦得行使追索權(本法一四四條準用八五條二項三款)。

　　㈡**追索權之保全**　本法一三一條一項但書規定:「應於拒絕付款日或其後五日內,請求作成拒絕證書」。此之拒絕證書當然指拒絕付款證書而言,此種證書之作成期限與八七條二項所規定者同,所異者因支票無延期付款之問題,故亦無如八七條但書所定之情形耳。

　　其次依本法一三一條二項規定:「付款人於支票或黏單上記載拒絕文義及其年、月、日並簽名者,與作成拒絕證書,有同一效力」。是為略式拒絕證書,或稱付款人之拒絕宣言(一般銀行多以退票理由單充之),乃拒絕證書之代替也,本條與八六條二項之規定同,但無拒絕承兌之問題耳。

　　㈢**追索之金額**　本法一三三條規定:「執票人向支票債務人行使追索權時,得請求自為付款提示日起之利息。如無約定利率者,依年利六釐計算」。此項利息並非約定利息,乃法定利息,支票雖無利息之可言,但一經行使追索權,必係陷於給付遲延,而一般金錢債務於給付遲延時,債權人本得請求遲延利息,作為損害之賠償(民法二三三條),支票債務為金錢債務之一,故本法乃明定於行使追索時,執票人得請求自為付款提示日起之利息,此項利率,得先由當事人約定,如無約定時,則依法定利率(年利六釐)計算之。

　　㈣**追索權之喪失**　本法一三二條規定:「執票人不於第一百三十條所定期限內為付款之提示,或不於拒絕付款日或其後五日內請求作成拒絕證書者,對於發票人以外之前手,喪失追索權」。本條與一〇四條一項之規定不同,依該項規定,執票人怠於為保全行為時,對於一切前手均喪失追索權,而此則僅對於發票人以外之前手喪失追索權,對於發票人則不喪失追索權,蓋支票不似匯票之有主債務人(承兌人)故不得不加重發票人之責任(學者亦有認為支票之發票人為主債務人者,以此),以保護執票人。

執票人縱怠於保全行為，對於發票人亦得行使追索權，故本法一三四條本文乃有：「發票人雖於提示期限經過後，對於執票人仍負責任」之規定，然則執票人之怠於提示，對於發票人言之，即毫無關係乎？曰：不然，依同條但書規定：「執票人怠於提示，致使發票人受損失時，應負賠償之責；其賠償金額，不得超過票面金額。」以示制裁。

第六節　拒絕證書

本法一四四條規定：「第二章第十節關於拒絕證書之規定，除第一百零八條第二項，第一百零九條及第一百十條外，於支票準用之」。可知支票之拒絕證書亦大致與匯票相同，所不同者：

1.支票無承兌制度，故亦無拒絕承兌證書，又無複本及謄本等制度，故亦無拒絕交還複本證書，及拒絕交還原本證書，結果支票只有拒絕付款證書之一種，而此項證書又多為付款人之拒絕宣言，或票據交換所之拒絕宣言所代替，故實際上作成拒絕付款證書之情形，在支票可謂絕少。

2.支票既無複本及謄本之制度，故亦無在複本或謄本上作成拒絕證書之問題。

第七節　空頭支票

空頭支票本非法律上之名詞，而係社會上之慣用語，但法律上對此既無適當的專名，為說明便利計，乃不得不採用空頭支票一語。所謂空頭支票即發票人於付款人處並無可處分之資金，而對之發行之支票是也。此種支票依本法一四一條及一四二條之規定，本有刑事制裁，但行之有年不但未能遏止空頭支票之發行，反而徒增犯罪之機率，破壞國家形象，莫此為甚，加以世界各國均無對於空頭支票科處徒刑之先例，我國自亦不宜對於民事（支票不付款，純為債務不履行之問題）濫用刑罰，以免有背民刑分立之法理。故票據法於民國七五年六月二十九日修正公布時，增設一四四條之一規定：「第一百四十一條、第一

百四十二條之施行期限至中華民國七十五年十二月三十一日屆滿。在施行期限內之犯罪，仍依行為時法律追訴處罰，不適用刑法二條之規定；但發票人於辯論終結前清償支票金額之一部或全部者，減輕或免除其刑。」即自七六年元月一日起，我票據法上無空頭支票科處刑罰之規定矣，但利用支票詐欺，而該當於刑法上詐欺罪之規定者，仍應依刑法之規定處罰，自不待言。又票據法一四四條之一條文，於民國七六年六月二十九日票據法再度修正時，已加以刪除。

■附錄㈠　各種票據有關規定事項及法條之對照

票據別 法條 規定事項	匯　票	本　票	支　票
㈠發票及款式	原有：二四至二九	原有：一二〇、一二一 準用：二五⑵、二六⑴、二八	原有：一二五至一二八 準用：二五⑵
㈡背書	原有：三〇至四一	準用：三〇至三四、三六至四一	準用：三〇至三四、三六至四一
㈢承兌	原有：四二至五二	本票無承兌制度，但依一二二條之見票，則準用四五條之規定	
㈣參加承兌	原有：五三至五七		
㈤保證	原有：五八至六四	準用：五八至六四	
㈥到期日	原有：六五至六八	準用：六五至六八	
㈦付款	原有：六九至七六	原有：一二一（一部份） 準用：六九至七六	原有：一二九、一三〇、一三五至一三七、一三九、一四〇、一四三 準用：六九⑶、七一、七三、七四、七五
㈧參加付款	原有：七七至八四	準用：七七、七八、八〇至八二⑴⑶⑷、八三、八四	
㈨追索權	原有：八五至一〇五	準用：八五至八七⑵、八九至一〇〇、一〇二至一〇五	原有：一三一至一三四 準用：八五（二項一、二款除外）八六、八九一（九七條一項二款、二項除外）一〇〇、一〇二至一〇五

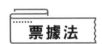

㈩拒絕證書	原有：一〇六至一一三	準用：一〇六至一一三	原有：一三一(2)(3)項 準用：一〇六至一〇八(1)、一一一至一一三
(十一)複本	原有：一一四至一一七		
(十二)謄本	原有：一一八、一一九	準用：一一八	
(十三)強制執行		原有：一二三	
(十四)保付			原有：一三八

附註：「原有」指各該票據規定固有條文，「準用」乃本票依一二四條，支票依一四四條準用匯票規定之條文而言。依據本表，不僅可以查出本票支票對於匯票規定法條何者準用，何者不準用，尤能看出三種票據有何異同。

■附錄㈡　票據法參考書

㈲本國法

書名	著（譯）者	出版年度
1.票據法精義	王孝通	民國三七年
2.中國票據法釋義	梅仲協	民國四二年
3.票據法淺解	林恭平	民國四二年
4.商事法要義	王效文	民國四三年
5.商事法大綱	曾如柏	民國四四年
6.商事法要義	梅仲協	民國四五年
7.商事法概論	王效文	民國四六年
8.支票法專論	張龍文	民國四七年
9.商事法論	張國鍵	民國四九年
10.本票法專論	張龍文	民國四九年
11.票據法釋義	黃棟培	民國四九年
12.新票據實務	林恭平	民國五〇年
13.票據法講義	胡　瀗	民國五一年
14.票據法講義	陳啟瑞	不詳

㈡外國法

書名	著（譯）者	出版年度
1.法國商法Ⅰ	神戶大學外國法研究會	昭和三二年
2.德國商法Ⅳ	神戶大學外國法研究會	昭和三一年
3.瑞士債務法	水口吉藏	大正三年
4.手形法	松本烝治	昭和三年
5.手形法小切手法	伊澤孝平	昭和三年
6.手形法小切手法	西島彌太郎	昭和一三年
7.手形法小切手法要義	大濱信泉	昭和一三年
8.手形事故の法律知識	高橋勝好	昭和二八年
9.手形法小切手法	竹田省	昭和三三年
10.手形法小切手法	鈴木竹雄	昭和三四年
11.有價證券法	升本喜兵衛	昭和二九年
12.商事法の理論	志津田氏治	昭和三六年
13.日米商事法の實際	道田信一郎	昭和三六年
14.判例體系手形法小切手法	田中誠二	昭和三六年
15.英國票據法	胡瀗 王學猛	民國五〇年
16.美國商業證券法	伊澤孝平	昭和三〇年

221

公司法實例研習

曾淑瑜／著

公司法乃是兼具理論與實務之一部法律，除法律人外，不論是會計師、公司負責人，或者是企業從業人員，若能事先釐清相關問題，靈活運用，在商場上就如同手持利器，開天闢地，無往不利。本書不採傳統教科書模式，而以實例導引出各章、節重點。除仍保留系統化之特色外，亦增加思考問題之空間。本書共設計了一百二十四個問題，每一個問題之後還有二個練習題，可以讓對國家考試實例題頭痛之學子於課後練習。當然，本書亦將題目列舉於目錄上，讓實務從業者在遇到相關問題時，可迅速從目錄中找到爭議問題之所在，翻閱解答。

四版的內容除將上一版次後一〇四年、一〇二年、一〇一年及一〇〇年的修法納入外，亦納入其他有關修正法律的資料，最重要的是新增閉鎖性股份有限公司的題目，資料新穎。配合例題演練，更收綜效之功。

海商法論

饒瑞正／著

海商法暨其法源具有國際性特質。因此，海商法之教學、研究、發展及其立法、司法政策，應思考海商法之國際性。例如，海牙威士比規則以降之各式運送公約之「喜瑪拉雅條款」及「一體適用原則」，打破民法契約與侵權之界線；海牙威士比、漢堡、鹿特丹規則、雅典公約等運送公約、一九一〇年船舶碰撞公約、各版本海事優先權公約、海難救助公約、約克安特衛普理算規則等明文規定之權利行使期間，既非民法消滅時效，亦非除斥期間；海事優先權公約，列舉受擔保之海事債權，為無須登記或占有而不具公示性之隱藏性擔保物權，而與民法擔保物權制度有差；漢堡規則、鹿特丹規則、雅典公約等貨物、旅客運送公約、一九一〇年船舶碰撞公約、海事優先權公約等所定之涉外法律適用與國際管轄條文，以強行法（即刻適用法）及法定專屬管轄，突破一般民事涉外案件之選法規則與國際管轄分配規則等等。

法學概論

陳惠馨／著

本書分為二編，共十八章。第一編主要由第一章到第十章組成，討論法學的基本概念，例如如何學習法律、法律與生活的關係、民主與法治的關係、法律的意義、法律的訂定、法律的制裁、法律的適用與解釋等議題；第二編由第十一章到十八章組成，主要介紹臺灣國家考試牽涉之重要法律，例如憲法、民法、商事法、刑法與少年事件處理法、行政法、智慧財產權法規、勞動法規、家庭暴力防治法及教育法規等。希望讀者可以透過本書學習臺灣現行重要法律及其理念，並瞭解法律在社會中運作情形。

國家圖書館出版品預行編目資料

票據法／鄭玉波著.－－修訂五版一刷.－－臺北市：
三民，2019
　　面；　公分

　　ISBN 978-957-14-6683-5　（平裝）
　　1.票據法

587.4　　　　　　　　　　　　　　108012349

票據法

作　　　者	鄭玉波
發 行 人	劉振強
出 版 者	三民書局股份有限公司
地　　　址	臺北市復興北路 386 號 (復北門市)
	臺北市重慶南路一段 61 號 (重南門市)
電　　　話	(02)25006600
網　　　址	三民網路書店 https://www.sanmin.com.tw
出版日期	初版一刷 1962 年 5 月
	修訂五版一刷 2019 年 12 月
書籍編號	S582620
I S B N	978-957-14-6683-5

三民書局